為什麼沒人告訴過我？

37 個避免陷入
情緒泥淖的養成練習

WHY HAS NOBODY TOLD ME THIS BEFORE

EVERYDAY TOOLS FOR LIFE'S UPS & DOWNS

Julie Smith

茱莉・史密斯——著　蕭寶森——譯

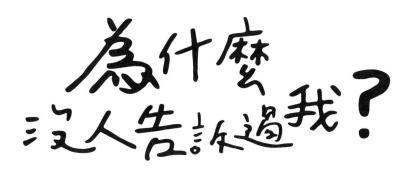

獻給馬修（Matthew）——

如果我是此書的油墨，你便是紙。

如同過往的所有探險，我們一起走到了這裡。

CONTENTS

CONTENTS

VIII 有意義的生命

前言

我坐在診療室裡，面對著一個年輕的女人。她坐在椅子上比手畫腳地跟我說話，模樣看起來頗為放鬆，和她初次來晤談時那副緊繃、神經質的模樣大相逕庭，然而我們只不過做了十二次晤談。她看著我的眼睛，對我點頭微笑，並且說：「你知道嗎？我知道這很不容易，但我相信我做得到。」

我聞言頓時眼睛一陣灼熱，喉嚨也有些哽咽，但臉上卻漾著燦爛的微笑。她已經感受到了自己的改變，現在我也感覺到了。不久前她來到我的診間時，不僅對這個世界心懷恐懼，也害怕她必須面對的一切。當時，她極度沒有自信，無法面對改變，也不敢接受新的挑戰。但那一天她的療程結束時，她把頭抬高了一些。但這並非因為我的緣故。我沒有什麼神奇的本事可以療癒任何人或改變她的生命，她也不需要接受幾年的諮商，去分析、探索她的童年。我面對她時，就像面對其他許多個案一般，主要是扮演教育者的角色，告訴她若干科學研究的結果以及一些對其他人行之有效的方法。當她瞭解那些概念和技巧並且開始運用之後，她的轉變就開始了。她對未來產生了希望，對自己的力量有了信心，遇到困難的情境時也會用一些比較健康的方法去處理。這樣一次一次下來，她面對問題的能力就愈來愈有信心了。

當我們溫習未來一個星期她必須記住的一些事情時，她點點頭、看著我，問道：「從前怎麼都沒有人跟我說這些？」

這句話一直縈繞在我的腦際。她不是第一個這樣說的，也不是最後一個。同樣的情景一而再、再而三的上演。那些前來接受治療的人都認為他們之所以會陷入如此痛苦的情緒，是因為他們的腦袋有什麼毛病或者個性出了什麼問題，而且不相信他們有任何能力可以影響自己的情緒。儘管他們當中有些人確實必須接受長期而深入的治療，但很多人其實只需要瞭解人的身心如何運作，以及日常生活中如何照護心理健康，情況就會好轉。

我知道促成轉變的關鍵並不是我，而是他們所得到的知識。但我們不應該讓人們為了得到這些知識而不得不花錢看心理師。此外，這類的資訊固然所在都有，但其中也有極多謬誤，因此我們必須建立能夠提供求正確知識的管道。

於是，我便開始遊說我那個可憐的丈夫，我認為我們應該設法改變現狀。他聽了之後便說：「好吧！那我們就試試看吧！我們可以在 YouTube 上放些影片什麼的。」

從此，我們兩人就開始製作有關心理健康的影片，並且發現對這個話題有興趣的人還真不少。不久後，我幾乎每天都在各種社群媒體上發布影片，並且有了好幾百萬的訂戶。但觸及率最高的那幾個平台內容都是以短片為主，於是我便拍了許許多多的短片，並設法在六十秒之內傳達我想要分享的訊息。

這讓我得以吸引人們的目光，傳達我的一些看法，並且促使大家開始談論有關心理健康的話題，但我想要的並不僅止於此，因為當影片長度只有六十秒時，你勢必需要省略許多細節，無法做深入的討論。於是，我便寫了這本書，詳細地描述我在做心理治療時，向個案解說的概念，以及逐步運用這些概念的方法。

書中所提供的方法大多是我在療程中教導個案的技巧，但這些方法並非供治療之用，而是生活技能。它們能夠幫助我們渡過艱難的時刻，並且成長茁壯。

我在書中逐一分析從事心理諮商工作時所學到的事，並列舉所有曾經改變我和案主人生的寶貴知識、智慧，與實用技巧。希望大家能藉此認清情緒體驗（emotional experience）的本質，並瞭解如何處理自身的情緒。

如果我們對人類的心智運作模式稍有瞭解，並知道該如何以健康的方式處理自身的情緒，我們就可以增強自己的復原能力，過著良好的生活並且逐漸有所成長。

許多人初次前來接受治療時，都希望我能提供某種他們可以在平常時日用來減輕自身痛苦的方法。因此，本書的宗旨並非在探究你的童年經歷並找出你之所以痛苦的原因，因為在這方面坊間已經有了一些相當傑出的著作。然而，在心理治療的過程中，如果我們希望案主能夠療癒往日的創傷，就必須先確定他們擁有增進自身復原力的方法，並且能夠忍受痛苦的情緒而不致發生任何危險。當他們知道有許多方法都可以影響他們的情緒並且增進心理健康時，將會對他們大有助益。

這正是本書的目標。

書本可以教你如何改善自身的健康，但它們畢竟並不是藥物。同樣的，閱讀本書也不等同接受治療。但你可以把它當成一個工具箱，裡面放滿了各式工具，讓你可以用來完成不同的工作。你不需要要求自己一次就學會使用所有的工具，因為這是不可能的。你只需要選擇一個最符合你目前需要的章節，然後花點時間運用那些方法就可以了。每一種技巧都需要花時間練習才能產生效果，因此在你捨棄其中任何一種工具之前，請你先試著使用並且反覆練習。此外，要興建一棟房屋，光用一種工具是不夠的。每一項工作所需要用到的工具都不太一樣，而且無論你把那些工具用得如何熟練，也必然會遇到一些非常棘手的挑戰。

對我而言，提升心理健康和增進身體健康兩者並沒有什麼不同。如果我們用數字來標示一個人的健康狀況，並以0這個數字來代表「既沒有生病，也沒有很健康」，則0

以下的數字就表示健康出了狀況，0以上的數字則代表健康狀況良好。過去這幾十年來，人們已經開始接受以補充營養和運動的方式來增進自己的健康，而且這種做法已經蔚為風尚。但直到近年來，我們才開始接受以公開、可見的方式，來提升自身的心理健康的做法。所以，你不需要等到陷入情緒泥淖時才來閱讀這本書，因為就算你目前沒什麼心理問題，你還是可以設法增進心理健康並提升復原力。如果你能攝取良好的營養並藉著規律的運動提升耐力與體力，那麼當你受傷時，你的身體就更有能力對抗感染並且恢復正常。心理健康也是如此。如果我們在狀況良好時，能多花一點力氣提升自己的自我覺察力與復原力，我們在遭遇困境時就更有能力去面對問題。

如果你在書中學到了某個方法，並發現它對你頗有幫助，那麼即使你的情況有了改善，你還是要繼續練習。縱使你感覺自己已經沒事，應該不需要用到它了，它對你的心靈還是很有助益。就像我們寧可付房貸，也不要租房子一樣，如果你能持續練習這些技巧，你就是在投資自己未來的健康。

本書所談到的這些技巧除了有科學上的根據之外，也有實證經驗的佐證。我知道它們確實有用，因為我曾一再目睹案主從中獲益。我相信人們只要能夠得到一些引導並培養自我覺察能力，就能從痛苦中獲得力量。

當人們在社群媒體上分享生活中的點點滴滴，或者寫了一本教導別人如何自助的書籍時，總會有許多人以為他們的生活必定毫無問題。事實上，許多這類書籍的作者都有這種想法。他們覺得他們必須假裝自己沒有任何痛處或傷痕，而且還暗示他們的著作中蘊含著世間所有問題的答案，但在此我要打破這個迷思。

我是個心理學家，曾研讀大量的心理學研究，也受過專業的訓練，因此能夠用這些知識來引導他人做出正向的改變。但同時，我也是一個人。我學到的這些方法雖然無法讓你免於遭逢生命的困境，卻能幫助你渡過困境並且重新站穩腳跟。雖然無法保證你在過程中不致於迷路，但可以幫助你察覺自己已偏離航向並且勇敢掉頭，邁向你心目中有意義、有目標的人生。因此，這本書雖然不能讓你從此過著無憂無慮的生活，但卻提供了許多好用的工具，能夠幫助你我以及其他人渡過生命的困境。

不是終點

我不是一個能夠解開宇宙所有奧祕的大師。這本書有一部分是我的治療日誌，有一部則是我寫給患者的手冊。一直以來，我始終以某些方式探索心理問題的答案。在花了許多時間閱讀相關文獻、執筆寫作，在診間和那些有血有肉的人晤談後，我對人的心理運作模式以及那些有助緩解心理問題的方法，有了更進一步的瞭解，於是便將這些心得集結成書。然而這並非終點。我仍然繼續在學習中，我所遇到的人們仍不時令我感到驚奇。同時，科學家們也繼續提出更好的問題，且設法得出更好的答案。因此，我在本書中列舉的只是我到目前為止，在嘗試幫助自己和案主渡過人生困境的過程中，所學到的幾種最重要的方法。

因此，本書不一定能夠讓你從此臉上掛著笑容，不過書中會告訴你一些方法，讓你得以確認你臉上之所以掛著笑容，是因為你心中確實有某種感受。同時，書中也會提供你必要的工具，讓你能夠持續自我評估並找到自己的方向，同時建立比較健康的心理習慣以及自我覺察的能力。

工具擺在箱子裡固然好看，但只有在你把它們拿出來、開始練習使用時，它們才能派上用場。無論哪一種工具，都需要經常練習。如果這回榔頭沒有把釘子敲進去，那就找時間再試一次。我自己也是如此。此外，書中所提到的都是我曾經用在自己以及案主身上的有效技巧與方法。因此，這本書於我而言也是一種資源。每當我感覺自己有需要時，就會回來利用這些資源。希望你也會這麼做，也希望你今生都能從中受益。

I

陰暗的所在

1 認識低潮期

每一個人都有低潮期。

沒有一個人例外。

只是低潮的頻率和嚴重的程度不同。

我擔任心理師的這些年間，發現人們在陷入低潮時往往獨自掙扎，從未告訴別人，甚至連他們的家人和朋友也不知道。他們會試圖掩飾，努力抗拒，只想著要滿足他人的期待。有些人甚至是在好幾年之後才開始接受心理諮商。

他們覺得自己有什麼地方不太對勁，並且會拿自己和那些看起來總是面帶微笑、充滿活力的人相比較。

他們相信有些人天生就是那樣，並認為快樂是一種人格特質，有些人具有這種特質，有些人則否。

如果我們相信情緒低落純粹是大腦出了問題的一種跡象，就不會認為我們能夠加以改變，於是便設法隱藏，只是每天做著自己該做的事情，強顏歡笑，但內心卻總是感到有些空虛，並且陷入情緒的泥淖，無法享受生命。

現在，請你試著留意自己的體溫。此刻，你或許覺得很舒服，也可能感覺太熱或太冷。體溫的改變可能是你受到感染或罹患疾病的徵兆，但也可能反映出你自身的狀態或你周遭的環境。你之所以覺得冷，可能是因為你忘了加一件禦寒的外套，或者天氣變陰了並且開始下雨，也可能是因為你肚子餓或者水分攝取不足。可是當你跑著去趕公車時，就發現自己的身體開始發熱了。所以，我們的體溫會受到內在與外在環境的影響，而且我們自己就有能力加以改變。情緒也是如此。我們之所以會心情低落，或許受到一些內在和外在因素的影響。如果我們瞭解這些因素，就能夠運用這些知識讓自己的心情變好。就像改變自己的體溫一般，有時方法很簡單（例如：加一件外套，或者跑著去趕公車），有時則需要做些別的事情。

科學研究已經證實：我們影響自身情緒的能力超乎我們的想像。這往往也是人們在接受心理治療時，所發現的一個事實。

這意味著我們能夠努力讓自己感到快樂、決定自己的情緒狀態，同時也提醒我們：**情緒是可以改變的，而且我們的情緒也不足以代表我們。它們只不過是我們所體驗到的一些感受罷了。**

然而，這並不代表我們從此不會再有心情低落或者憂愁鬱悶時刻。我們仍然會遇到困難、會經歷各種痛苦與失落，因而使我們的身心健康受到影響，但我們可以打造一個工具箱，蒐集各種對我們有用的方法，勤加練習，使自己的技巧臻於熟練。如此一來，當我們遇到問題，情緒低落時，就能夠加以應用。

書中所談到的概念與技巧適用於每一個人。研究顯示，這些概念和技巧對罹患憂鬱症的人士頗有幫助，但它們不像那些管制藥物需要處方箋才能取得。事實上，它們可以說是我們必備的生活技能，只要我們心情出現波動（無論大小）都可以加以使用。不過，那些長期罹患嚴重精神疾病的人，最好在專業人士的協助下學習這些技巧。

感受如何產生

我正睡得香甜，這時鬧鐘突然響了起來，聲音嘈雜刺耳，嚇了我一跳。我還沒打算起床，於是按下貪睡鍵，躺回床上。但這時我的頭開始隱隱作痛，心情也很煩躁，於是我按下取消貪睡鍵，因為我再不趕緊起床，孩子們上學就要遲到了，更何況我還要準備今天開會的資料。但我一閉上眼睛，就看到我辦公桌上那份待辦清單。此刻，我的心情惶恐、煩躁、疲憊，什麼事也不想做。

這樣算不算情緒低落呢？是我大腦造成的嗎？我怎麼一早就有這種感覺呢？我回想之前所發生的事情：昨天晚上我熬夜加班，好不容易能夠上床時已經累壞了，也懶得到樓下去拿杯水喝，而且那天晚上我的寶寶醒了兩次。因此我的睡眠不足，身體也缺水。於是，當我在熟睡的狀態下突然被鬧鐘吵醒時，我的身體便開始分泌壓力荷爾蒙，使我的心臟砰砰地跳，讓我感覺自己好像受到了壓力。

這類信號會傳送到我的大腦，告訴它我的身體有了狀況。於是我的大腦便開始尋找原因，這才發現我之所以心情低落，是因為睡眠不足與水分攝取太少所造成的不適。

儘管一個人之所以心情低落，不見得是因為水分攝取不足的緣故，但你在處理情緒問題時，必須記住一點：**你的情緒並非完全是由你的想法所導致，可能也和你的身體狀態、人際關係、你的過去與現在、你的生活環境和生活方式有關。包括：你所做（或沒做）的事、你的飲食、想法、行動和記憶等等。總而言之，你的情緒並非只是你頭腦的產物。**

你的大腦總是很努力的想要瞭解當下發生的事情，但它只能根據幾個特定的線索來推敲，包括你的生理狀況（例如心跳、呼吸、血壓和荷爾蒙）、你的每一個感官（你所看到、聽到、摸到、嚐到和聞到的東西）以及你的行動和想法。它會把這些線索和你從前有過的感受串連起來，揣測當下的情況並建議你該如何處理。這樣的揣測有時就會讓你覺得自己好像有了某種感受或情緒，而你對這種情緒的理解和反應又會把相關的訊息傳回你的身體和心靈，讓你採取某種行動（Feldman Barrett, 2017）。因此，如果你想要轉變自己的情緒，就必須從以上這些因素著手。

雙向的影響

有許多心理自助書籍都告訴我們要有正確的心態，因為「一旦你的想法改變了，你的感受也會跟著改變。」但這些書往往忽略了一個重點：想法和感受其實會相互影響。你的感受也會影響你的思考模式，使你更容易產生負面的想法並且批判自己。即使我們知道自己當下的思考模式對自己沒有任何幫助，但是當我們心情低落時，很難改變想法，更難以做到社群媒體上經常建議的「百分之百的正向思考」。即使我們有一些負面的想法，這也並不代表它們是我們心情低落的原因，因此要解決問題或許不能只靠轉念。

思考模式只是影響心情的諸多因素之一。我們所做（或沒做）的事情可能也會影響心情。比方說，你在心情低落時，就會想要一個人躲起來，對平常喜歡的那些事都沒有興趣，於是就通通不去做了。日子久了之後，你的心情就會變得更加糟糕。在身體方面也是如此。假設你有幾個星期因為太過忙碌而無暇運動，後來你就會覺得身體疲倦，心情低落，更不想運動。但你愈不運動，就會愈不想動，於是就變得愈來愈沒有活力。當你缺少活力時，就更不可能去運動，你的心情也會變得愈發低落。如此這般，你在心情

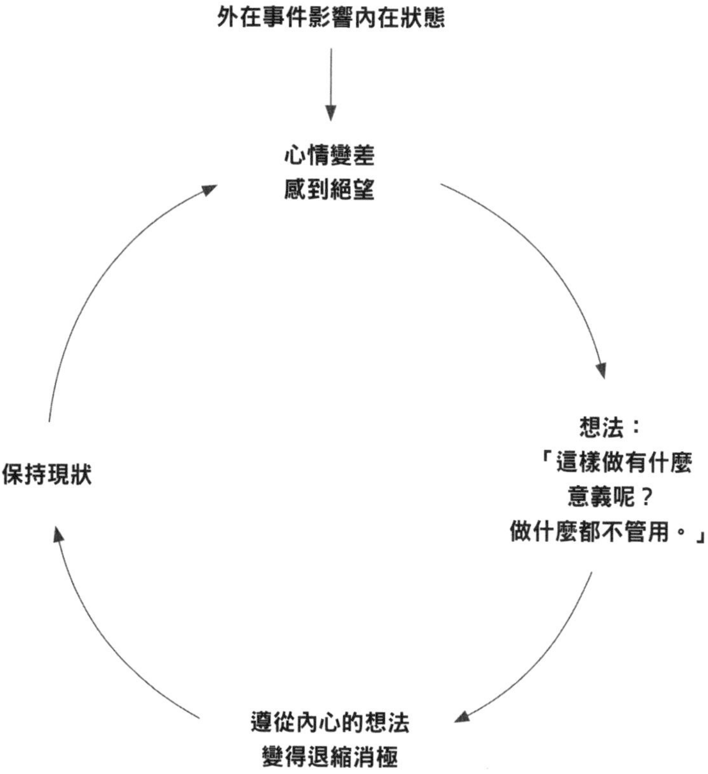

圖（一）：心情低落時的惡性循環。依照這種模式，連續幾天的心情低落就有可能會導致憂鬱症。如果我們能及早認清並採取行動，就會比較容易跳脫這個模式。改編自Gilbert（1997）。

低落時，往往會做出一些讓自己的情緒愈發惡劣的事。

由於不同的經驗會相互影響，因此我們很容易掉進這種惡性循環，在上一頁的圖（一）中，顯示出我們如何被卡在這樣的循環裡，但也為我們指引了掙脫的方式。**我們的想法、感官、情緒和行動相互作用後便形成了我們的體驗，但我們無法加以分辨，因為它們已經合而為一**。就像柳條編成的籃子，我們所看到是一整個籃子，不太會注意到籃子上的每一根柳條。因此，**我們需要練習拆解自己的經驗，如此才能看出自己可以做出什麼改變**。下一頁的圖（二）則顯示了一個很簡單的拆解經驗的方式。

當我們以這種方式拆解經驗時，不僅可以看出有哪些行為會使我們陷入惡性循環中，也可以看出我們應該如何幫助自己。

大多數人之所以前來尋求治療，為的就是要改變自己的心情。他們想要擺脫一些不愉快（甚至極其痛苦）的情緒，也期望能經常感受到那些使生命變得更加豐富的情感（例如：喜悅與興奮）。我們雖然無法每天像按按鈕一般製造出自己想要的情緒，但既然我們知道感受和身體狀況、想法及行動等，各個面向密不可分，而且我們的大腦、身體和環境會不斷相互作用，因此我們就可以透過改變自己的身體狀況、想法和行動來改變自己的感受。

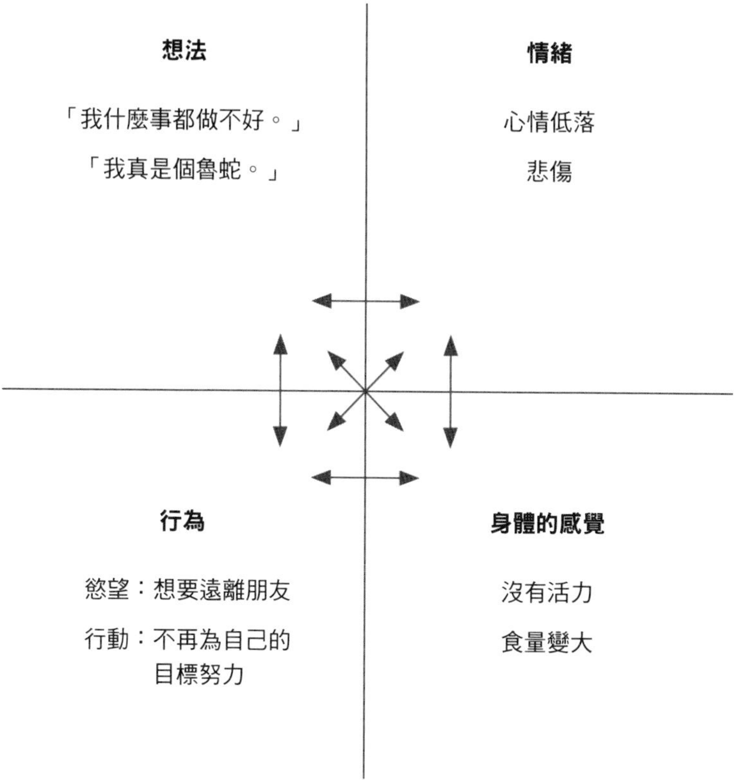
想法
「我什麼事都做不好。」
「我真是個魯蛇。」
情緒
心情低落
悲傷
行為
慾望：想要遠離朋友
行動：不再為自己的目標努力
身體的感覺
沒有活力
食量變大

圖（二）：我如果一直懷著負面的想法，心情很可能就會變得很低落。但心情低落時，我也會更容易有負面的想法。這張圖表顯示我們會如何陷入情緒低落的惡性循環中，但也指引了一個掙脫的途徑。此圖是根據Greenberger & Padesky（2016）所做的研究改編。

何處下手

要瞭解自己為何會情緒低落，第一步就是要練習覺察自身經驗的各個面向。這指的是去注意我們的經驗當中的每一個面向。剛開始時，可以在事後覺察，也就是回顧一天當中所發生的種種，並選出若干時刻加以詳細的檢視。經過一段時間的練習後，我們就能夠在事件發生的當下立刻注意到這些面向。如此一來，我們就有機會加以改變。

在療程中，我可能會請有情緒低落現象的案主注意自己的身體感受。他們可能會發現自己很累、沒有精神或喪失食慾，也可能會發現當他們心情低落時，腦海裡會有類似「我今天什麼都不想做。真是太懶了！這輩子絕不可能會有什麼成就。我真是個魯蛇呀！」的想法。在上班時，他們可能會想躲到廁所裡去滑手機，瀏覽社群媒體。

一旦你熟悉了自己的身體狀況和頭腦裡的想法，就可以擴大覺察範圍，開始檢視你周遭的環境和人際關係的狀況，以及這些狀況對你的內在感受和行為的影響。你可以仔細地檢視所有的細節，問問自己：「當我產生這種感受時，心裡有什麼想法？身體處於什麼狀態？之前的幾天或幾個小時，我有沒有好好照顧自己？這是一種情緒，還是因為身體的需求沒有被滿足而產生的不適？」

可以提的問題很多。有時答案很明顯，有時則太過複雜，但也沒有關係。你只要繼續探索並且把當時的經驗寫下來，久而久之，你的覺察能力就會愈來愈強，能夠看出什麼事情會讓你的心情變好、什麼事情會讓你的情緒更加低落。

工具箱

想一想，是什麼事情導致你的情緒低落呢？

你可以用25頁圖（二）表格，練習檢視自己某個經驗（正向或負向的都可以）當中的各個面向，並填入你的答案。請花十分鐘選擇當天某個情緒低落的時刻，加以檢視。你可能會發現，有些空格比較容易填寫，有些則較難。

如果你在事情過後能夠抽空回想當時的情況，你的覺察能力就會逐漸增強，進而學會看出，那些面向之間的關連。

試試看

你可以用以下提示，來幫助自己填寫上述的表格，或者撰寫你的心情日記。

- 在那種感受出現之前的一段時間之內發生了什麼事？
- 在那種感受出現之前發生了什麼事？
- 當時你有什麼想法？
- 你的注意力放在什麼事情上？
- 你有什麼情緒？
- 你的身體有哪個部位感受到了那種情緒？
- 你的身體還有哪些感覺？
- 當時你想怎麼做？
- 你真的做了嗎？
- 如果沒有，那你做了什麼？
- 那些行動對你的心情有何影響？
- 那些行動對你的相關想法和信念有何影響？

本章摘要

- 情緒波動是很正常的現象。沒有人一天到晚都很快樂，但我們無須受情緒擺布。有些方法可以幫助我們改善情緒。
- 心情低落通常是某些需求沒得到滿足，並非大腦出了什麼狀況。
- 我們每個時刻的體驗都可以被拆解成幾個不同的面向。
- 這些面向會相互影響，所以我們才會掉入情緒低落、憂鬱的惡性循環。
- 情緒是由一些可以被我們影響的因素組成的。
- 我們無法選擇情緒，但可以運用可掌控的事物來轉換情緒。
- 我們可以用圖（二）表格來增強自己的覺察力，以便瞭解有哪些因素影響了我們的情緒，並且讓我們陷入惡性循環。

2 情緒陷阱

立即性緩解的弊害

我們在心情低落時想做的一些事情有可能會讓我們的情緒變得更加惡劣。當我們心情難受，心緒不佳時，不免會希望回到比較輕鬆的狀態，而我們的大腦根據過往的經驗已經知道哪些方式最快速有效。於是**為了盡快走出陰霾，我們往往不惜做出任何事情，藉以麻痺自己的感官、轉移我們的注意力，以對抗那種低迷的情緒**。有些人會藉著喝酒、吸毒或吃東西來達到這個目的，有些人則會透過看電視或瀏覽社群媒體等方式。**這些活動之所以吸引我們，是因為它們確實有效，能夠分散我們的注意力並且麻痺我們的感受，但這種效果只是暫時的**。一旦我們關掉電視、停止使用某個ＡＰＰ或酒醒時，那種感覺就會回來，而且一次比一次強烈。要解決這個問題，我們必須先思考自己在情緒低落時有何反應，同理自己想要紓解情緒的需求，並向自己坦承：有些行為長期下來反而會讓情緒變得更加糟糕。通常那些立即見效的方法，效果都不長遠。

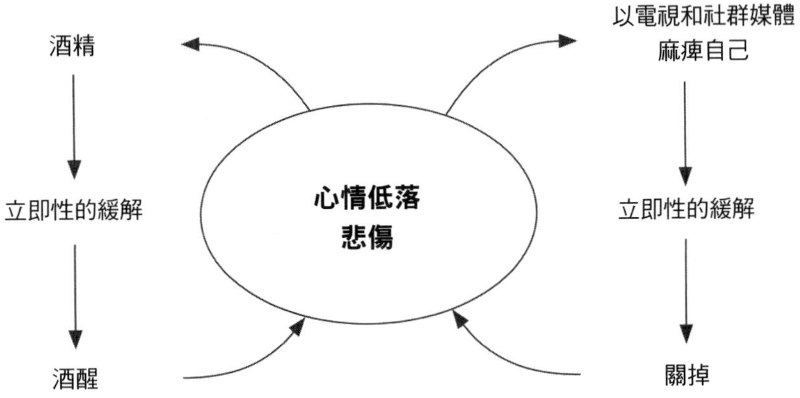

圖（三）：立即性緩解所造成的惡性循環，改編自Isabel Clark的研究報告（2017）。

試試看

下面這些問題可以幫助你省思，目前你用來對抗情緒低潮的策略。

- 情緒低落時，你通常會做什麼？
- 那些事情是否能立即緩解你的痛苦與不適？
- 從長遠來看，它們有何效果？
- 這類行為讓你付出了什麼代價？

（這裡指的不是金錢上的代價，而是時間、心力、健康與成長上的代價）

讓心情變糟的思考模式

上一章提及，我們的想法與感受會相互影響。想法會影響感受，但感受也會影響我們的思考模式。以下是我們在心情低落時常有的思考偏誤。它們聽起來可能很熟悉，因為思考偏誤是很平常的現象。每一個人或多或少都有，但在心情起伏、情緒波動時，更容易出現。如果我們能夠瞭解何謂思考偏誤，並在它們出現時就能察覺，就不致於受到太大的影響。

揣度他人心思

生而為人，我們有必要瞭解周遭的人在想什麼、有何感受。人類過著群居生活，彼此互相依賴，因此我們這一生會花許多時間揣測別人的想法與感受。不過，當我們心情低落時，比較容易認定自己的揣測就是事實，例如：「當時我的朋友用奇怪的眼神看著我時，我知道她一定很討厭我。」然而，在心情比較好的時候，我可能會想知道她究竟怎麼了，甚至還有可能跑去問她。

你可能會發現：**你在心情低落時，更需要別人的肯定與安慰。如果你無法得到，可能就會直覺地認定他們對你有負面觀感，但這是一個思考偏誤。你可能是對自己最嚴苛的那個人。**

以偏概全

情緒低落時，只要有一件事情出了差錯，我們可能就會覺得那一整天都不會有什麼好事。比方說，你早上趕著上班時把牛奶灑得地上到處都是，讓你既緊張又挫折。這時，如果你把這件事當成一個徵兆，認為這一整天都會很不順，然後就請老天爺放你一馬，不要故意跟你作對。這就是所謂的「以偏概全」。

當我們陷入這種思考模式時，就會預期之後的事情也會一樣出差錯。如此一來，我們就很容易陷入絕望的境地。尤其我們與情人分手時，特別容易出現這種現象。我們會以為自己此後將永遠無法與他人維持良好的伴侶關係，即使和另外一個人在一起也不可能會幸福。會有這種想法是很正常的，但如果一直停留在這樣的思考模式，你將會更加痛苦，心情也愈發低落。

以自我為中心

當我們陷入困境、心緒不佳時，視野往往會變得比較狹隘。這時我們會比較沒有辦法考慮別人的意見與想法，或考量他們的價值觀或許和我們不同。這可能會讓我們覺得自己和別人沒有什麼連結，從而造成人際關係上的問題。舉例來說，我們可能會把自己的某個生活準則（例如：「無論什麼場合都要準時。」）加諸在別人身上，一旦他們做不到，我們就會覺得自己受到了冒犯或傷害。這可能會讓我們比較無法寬容他人，心情變得更加惡劣，和對方的關係也變得緊繃。這就像試圖要去控制那些無法控制的事情一樣，勢必會讓自己的心情變得更加低落。

情緒推理

正如想法並非事實，感覺也並不一定反映現實。**情緒是一種訊息，當這類訊息強而有力、且響亮時，我們就很容易相信它們反映的是真實狀況。**「我感覺是這樣，因此這必然是事實。」**情緒推理是一種思考偏誤。它會讓我們光憑感覺就相信某件事是真的，即使有許多證據顯示事實並非如此。**舉例來說，如果你考完試後覺得整個人像洩了氣的皮球、心情不好且沒有自信，於是你就認定自己鐵定無法通過這次考試。這就是所謂的「情緒推理」。你或許考得並不差，但你的大腦會從你當下的感受中提取資訊，並據此推斷你考得並不好。事實上，你考完後之所以會心情低落，可能是考試期間太過緊張、精神疲憊所致，但這種感受卻影響了你對自身情況的解讀。

心理過濾

當你相信某件事情時，你的大腦就會在周遭的環境中，搜尋所有能證明那個信念的資訊。這便是人類大腦的運作模式。這是因為：凡是不符合我們對自身和世界信念的資訊，都會對我們構成心理上的威脅，讓我們感覺事情變得難以預測，因而失去安全感。於是我們的大腦就會漠視這些資訊，只關注那些符合原本信念的資訊，儘管那樣的信念讓我們感到痛苦。因此，當你心情低落且相信自己是個失敗者時，你的大腦就會像篩子一樣，過濾掉所有不符合這種想法的資訊，只關注那些能夠證明你想法的資訊。

比方說，你在社群媒體上貼了一張照片後，有許多追蹤你的動向的人都留言表示讚賞，但你卻不予理會，只一味的搜尋看看有沒有負面評論。一旦發現了，你就一整天耿耿於懷，傷心難過，並因而對自己感到懷疑。

從人類進化的觀點來看，這是可以理解的。因為當你感覺自己很容易受到傷害時，自然會特別留意周遭那些可能會危害安全的事物。然而，當你心情低落時，就要格外留心，不要掉入「心理過濾」的陷阱。

「必須」和「應該」

要留意那些你認為「必須做」、「應該做」的事情！我指的不是我們應盡的社會責任，而是我們對自己的嚴苛期待。例如：「我在這方面必須表現得更好」，或「我應該有那種感覺才對」等等。這些期待會讓我們陷入不快樂的循環中無法自拔。

這些期待都和完美主義有關。舉例來說，如果你認為自己絕不能失敗，那麼當你犯了一個錯誤或者遭遇一次挫折時，心情必然盪到谷底，並因此陷入低潮。我們可以努力追求成功，並且接受過程中的失敗。但如果我們對自己懷有不切實際的期待，就會為之所困。每當我們發現自己或許無法滿足這些期待時，就會痛苦不已。

因此，你必須留意你對自己的期待。在情緒低落的時候，還指望自己能表現出最好的那一面，是既不實際也毫無助益的。

「全有或全無」的思考模式

也被稱為「非黑即白的思考模式」。這也是一種思考偏誤。如果我們任由自己陷入這種模式，心情就會變得更加惡劣。這是一種絕對而極端的思考模式。例如：「我如果無法成功，就什麼也不是了！」、「如果我看起來不夠完美，那我就是個醜女。」、「早知道我會犯錯，當初就不應該開始。」這種思考模式是兩極化的，凡事不是黑的，就是白的，完全沒有灰色地帶，但現實生活往往不是如此。這樣的思考模式很容易讓我們產生強烈的情緒反應，從而讓事情變得更困難。如果你因為某一次考試不及格就認為自己是個失敗者，你的情緒就會變得更激烈，也更難平復。

在情緒低落時，你更有可能會落入這種極端的思考模式。但你務必要記住：你之所以會如此，並非因為你的大腦不清楚或者出了什麼問題，而是當我們處於壓力狀態下，這種思考模式會讓我們覺得這個世界是黑白分明、可預測的。但它也會讓我們無法以比較理性的方式考量事情的不同面向，而做出一個比較明智的判斷。

思考偏誤	意涵	範例
揣度他人心思	認定自己瞭解別人的想法和感受。	「她已經有好一陣子沒打電話來了。她一定很討厭我才會這樣。」
以偏概全	用單一事件來概括一切。	「如果這次考試沒過，我的前途就毀了。」
以自我為中心	認定別人的看法和價值觀都和我們一樣，並據此評斷他們的行為。	「要是我，絕不可能遲到那麼久。他顯然不怎麼在乎我。」
情緒推理	我感覺這樣，因此必然是事實。	「我總是對孩子感到歉疚，所以我一定是一個很差勁的家長。」
「必須」和「應該」	對自己懷有不切實際的期望，讓自己每天都感覺像是一個失敗者。	「無論何時，我都必須表現完美。」「我要做就要做到最好。」
非黑即白的思考模式	想法極端而偏激。	「如果不能做到一百分，那我就是失敗者。」「如果我模樣不夠完美，我就不出門。」

圖（四）：思考偏誤的範例

如何矯正思考偏誤

既然你已經明白這些思考偏誤可能會讓你的心情變得更糟，那你該怎麼做呢？雖然我們無法阻止這類念頭浮現，但只要我們認清它們的本質，然後調整我們對它們的態度，就比較不會受到影響。如果我們能夠承認人們對同樣一件事情可能會有各種不同的想法，而我們的想法只是其中之一，那麼我們就有可能去考慮其他想法。這時原來的想法，就不致於對我們的情緒產生太大的影響了。

為了確保我們能矯正這些思考偏誤，首先我們必須在它們浮現時就立刻察覺。如果我們不和它們保持距離，看清它們的謬誤之處，就會將它們當成事實。如此一來，它們就會使我們心情低落，並影響我們後續的行動。

要察覺思考偏誤的存在，聽起來很簡單，但有時並不容易做到。我們在事件發生的當下，除了想法之外，也會有情緒、身體上的感受、腦海中的意象、記憶與衝動，因此並不容易看清自己的想法。此外，我們已經太習慣在無意識的狀態下做事，因此可能需要大量練習，才能讓自己靜下心來仔細檢視其中的各種細節。

你可以採用下面這幾種方式練習辨認自己的思考偏誤，並看出它們對你的影響。

開始練習

- 人在情緒激動時往往很難清楚思考，因此剛開始練習時，不妨等到情緒消退後再來省視自己的思考偏誤，這樣或許會比較容易。你可以先透過這種事後回想的方式逐漸提升自己的覺察能力，久而久之你就愈來愈能在事情發生的當下，覺察自己的思考偏誤。
- 你可以選擇一個特定的時刻（正向或負向皆可），把當時的情況寫下來。但要清楚區分哪些是想法、哪些是情緒、哪些是隨之而來的身體感受。一旦你寫下當時的想法，就可以核對思考偏誤的清單，看看那些想法是否可能有一些偏誤。
- 如果你在當下有機會書寫，就拿出紙筆，寫下想法、感受和身體的感覺，不過要試著使用一些能夠幫助你和那些想法與感受保持若干距離的語言。例如：「此刻，我認為……」或「我注意到我有這些感受。」這樣的語言可以幫助你和你的想法和感受保持某種距離，將它們看成當下的一種體驗，而非絕對的真理。
- 如果有一個你信得過而且能夠傾吐心事的人，你可以告訴他們你經常會有哪些思考偏誤。這樣他們就可以幫助你察覺並指出那些思考偏誤。但前提是，你和對方的的關係要非常良好才行，而且他們必須接納、尊重並支持你想要尋求改變和成長的努力。當對方指出你的思考偏誤時，你心裡可能會很不好受，因此你必須先審慎規劃，以確定這個方法適合你。

- 如果你想站在一個超然客觀的立場觀察自己的想法，就可以開始做正念冥想。你不妨每天撥出一段固定時間覺察自己的念頭。藉著這樣的練習，你會愈來愈能超然地觀看自己的想法而不加以批判。

幾點提示

當我們在增進對自身想法的覺察力時，必須努力認清那些想法只是詮釋這個世界的一種方式而已，並允許自己考量其他的詮釋方式。如果我們能夠辨識那些常見的思考偏誤，並明白它們屬於哪個類型，就能夠做到這一點。

這個目標並非一蹴可及，需要不斷地努力和練習。有時，你可能看不出自己的想法有何偏誤。有時則可以。當你辨認出來後，就可以用一種對你更有益的想法取而代之。

有些人在尋求替代觀點時，會想找出一個最正確的想法。但事實上，另一個想法究竟如何並沒有那麼重要，更重要的是**練習不要把自己的想法當成事實，並且能主動去考**

慮其他的觀點。通常一個讓你感覺持平、公正、慈悲且能考量到所有相關資訊的觀點，會對你比較有益。我們在情緒很滿時，想法往往比較極端和偏激，但人生往往是複雜的，許多事情並不是非黑即白。因此，你只要花點時間思考一件事情的不同面向就可以了，不一定非要立刻形成一個明確的看法。**你要允許自己有一段「騎牆觀望」的時間，並忍受那種不確定的感覺。如果能夠這樣，我們就不會被自己的想法所驅使而莽撞行事，也會比較能夠做出深思熟慮的選擇。**

假設我吃早餐時把牛奶灑了滿地，然後就立刻開始質問自己為何總是把事情搞砸、為什麼沒能把任何一件事情做得像樣，這時我就犯了「以偏概全」以及「非黑即白」的毛病。如果我能看出自己的想法有哪些謬誤，我的情緒反應就不會那麼強烈。把牛奶灑了一地當然不是一件好玩的事，但我們對此事的反應究竟是「短暫的挫折」，還是「一整天的心情都被搞壞了」，完全取決於我們如何看待自己的想法。但要看出自己的思考偏誤，就像本書所提到的其他技巧，說起來很容易，做起來卻困難得多，需要不斷地練習才行，而且即使你認真練習，或許有時還是做不到。但這個方法確實能夠幫助我們，不致於把小事情變成大問題。

本章摘要

- 我們難免會有思考偏誤，但可以設法減輕它對我們的影響。
- 我們天生就會尋求證據來支持自己的信念，並且感受我們所相信的事物，即使有證據顯示，事實並非如此。
- 情緒低落時，我們往往只會注意到自己所遭受的威脅和損失。（Gilbert, 1997）
- 如果我們持續這樣的負面思考並將它們當成事實，我們的情緒就會變得更加低落。
- 要避免這種惡性循環，就要體認我們的感受並不見得反映事實。
- 另一個方法則是保持好奇心。
- 如果我們瞭解那些常見的思考偏誤，在它們出現時立刻覺察，且知道那些想法有其謬誤、並非事實，我們就能和它們保持一定的距離。

3 幾個有用的方法

和它們保持距離

一九九四年《摩登大聖》（The Mask）這部電影中，金凱瑞飾演一個名叫史丹利·伊卜吉（Stanley Ipkiss）的銀行職員。有一次，他無意中發現了一個由古代斯堪地那維亞的邪神洛基（Loki）所打造的木頭面具。他戴上那個面具之後，整個腦袋便被它包住，並且被它所附身，一舉一動都受到它的操控，整個人都成為那個面具的一部份。

一旦戴上面具，他就開始透過它的眼光來觀看這個世界，不會有其他的觀點，但是當他將它取下、拿在手裡時，它便失去了操控他的力量，無法影響他的感受與行為。儘管面具仍然存在，但因為他和它之間有了距離，他便得以看出它只不過是一副面具，而不是他這個人。

在心情低落時，我們的想法也可能會像那副面具般吞噬我們。這時，我們的大腦會從身體接收到一些訊息，並且意識到事情好像不太對勁，然後便開始揣測各種可能的成因。很快地，我們的腦海裡就會出現各式各樣負面的想法以及自我批評的聲音。如果我們認同這些想法並任由它們吞噬我們，我們的心情就會變得更加低落。

坊間那些勸告人們要正向思考的心理自助書籍並未說明一個事實：**我們無法控制自己的腦袋裡浮現的想法，只能控制我們在那些負面想法浮現時的反應。**

要對治那些負面想法，不讓它們影響我們的心情，最重要的方法之一就是：和它們保持一定的距離。這聽起來很不容易，因為那些想法就在我們的腦子裡，但身為人類，我們有一個很強大的工具可以幫助我們和那些想法保持適當的距離。那便是所謂的「後設認知」（metacognition）。這個名詞聽起來有些花俏，但基本上它指的就是「對自己想法的想法」。

我們都有能力思考，同時也有能力思考自己的想法。「後設認知」就是後退一步，和我們想法保持足夠的距離，以便看清那些想法的本質。這時，那些想法就不會對你、你的感受和行為產生那麼大的影響力。然後你就可以選擇你要做出什麼樣的反應，而非受它們控制與驅使。

「後設認知」這個名詞聽起來好像很複雜，但它其實只是我們「覺察自己腦海裡浮現了哪些想法並觀察我們，因此而產生的感受」的一個過程。你可以試著花幾分鐘的時間，覺察自己的想法。你會發現，你可以選擇把注意力聚焦在某個想法（就像史丹利把面具戴上），也可以兀自靜觀，任由它生滅。

無論是哪一種想法，它之所以對我們造成影響，都是因為我們相信它是真實的、重要的。當我們以「後設認知」的方式觀察自己的想法時，就會看清它們的本質。那便是：它們只不過是一些想法而已，並非事實。每一個想法當中都包含了我們對事情的看法、判斷、見聞、回憶、理論以及我們對未來的預測，是我們的大腦藉以理解這個世界的一種方式，但由於我們的大腦所接收到的資訊有限，而且它要儘量節省我們的時間與力氣，所以它總是用最快的方式做出揣測和預判。

「正念」（mindfulness）是一個很好的工具，讓你可以練習觀察自己的想法，同時不執著於任何一個念頭，而是任由它們生滅，並選擇自己要關注的面向。

正念：決定自己的焦點所在

在前一章中，我曾經列出一些我們心情低落時常有的思考偏誤。有些心理自助書籍可能會告訴你：「只要保持正向思考就可以了。」但問題是，我們並不能控制自己腦海中所浮現的念頭。當我們試著不去想什麼時，腦海中其實已經有了這種想法。另一個問題則是：一味的正向思考並不切實際。有許多人在生活中所面臨的苦難是我們無法想像的，我們不應該要求他們只能正向思考，因為這樣只會增加他們的負擔。當他們發現自己無法做到的時候，就會認為那是他們不行，並因而開始批判自己。

不過，我們雖然無法改變自己的想法，卻有能力決定自己是否要隨之起舞。這種能力來自於我們的注意力。注意力就像是一個聚光燈。許多人都任由這個聚光燈隨風移動。只有在遇到危險或受到威脅時，我們的大腦才會控制這個聚光燈所照射的方向，但事實上，我們有能力改變它的方向，讓它聚焦於我們經驗中的特定面向。

這並不是要壓制某些想法、並試圖忽視它們，而是刻意選擇把自己的注意力放在什麼想法上面。

許多人前來接受心理治療時都知道自己不要什麼。他們希望能擺脫一些想法和感受。但是當我問他們想要什麼時，他們往往感到很驚訝，因為他們之前從來沒有想過這個問題。這是因為**我們所面臨的痛苦可能令我們難以承受，讓我們不得不把全部的注意力都放在上面，以致於我們光想著那些痛苦，而鮮少去思考我們想要什麼。**

許多人並不習慣問自己想要什麼。我們的肩上承擔了許多責任：要對老闆有交代、要付房貸，還要養兒育女。久而久之，我們發現自己過得並不快樂，卻不知道自己究竟想要或需要什麼，因為我們從未想過這個問題。

我不是要告訴你們：只要你能將意念專注於某個事物之上，它就會實現。但如果我們不想偏離航道，就必須留意自己的方向。

你的注意力是很寶貴的。它可以幫助你創造你的生命經驗。因此，如果你能學會管理自己的注意力，你的情緒和生命有可能會大為改觀。問題是我們都很忙碌，每天都有許多責任與義務要去履行，而且那些事情我們往往已經做了成千上百次，因此我們那不可思議的大腦便會進入「自動駕駛」模式，讓我們在無意識的狀態下執行大部分工作，以便減輕我們的心智負擔。正因為這個緣故，類似正念冥想之類的練習才變得如此受歡迎。它讓我們得以練習管理自己的注意力。如果你想學會開車，就必須去駕訓班上課，而練習正念冥想就像上駕訓班，讓你學習如何管理自己的心思。有時你可能會覺得這種練習很無聊、令人害怕或感到挫折，但它讓你的大腦有機會形成必要的神經通路，讓你在日後有需要用到那些技巧時，不致於太過費力。

剛開始練習正念冥想時，你可能會有點畏怯，不確定自己應該怎麼做、做得對不對，或做的時候應該有什麼感覺。因此，我在本章末尾的工具箱裡附上了一些簡單的步驟來引導你。這種練習不一定要很複雜，你也不必期望自己一定要有什麼深刻的體驗。它就像在健身房裡練舉重，只不過它鍛鍊的是你的心智肌肉。這種肌肉愈發達，你就愈有能力選擇自己要關注的對象，也愈能管理自己的情緒。

如何停止反芻式思考

反芻式的思考就像一台思想的洗衣機，讓一些思緒在你腦海中再三翻騰攪動，有時只有幾分鐘，有時長達幾個鐘頭，有時則可能連續好幾天。

我們已經知道人們在憂鬱時，他們的大腦更會去注意那些讓他們心情更糟的謬誤想法。如果這類想法在你的腦海中一而再、再而三地浮現，縈繞不去，你的痛苦就會變得更加強烈，並且持續更久。事實上，心理學研究顯示：反芻式的思考是憂鬱症揮之不去的重要因素（Watkins & Roberts, 2020）。你反芻思考的時間愈長，就愈加憂鬱或悲傷，也就愈走不出情緒的泥淖。

還記得我們之前提過的神經通路嗎？你做一件事情的次數愈多、愈久，相關的神經通路就愈發達。因此，那些令你痛苦的想法或回憶在你的腦海中翻騰的時間愈久，你就愈容易想起它們。於是，你就會掉進一個惡性循環：你會一而再、再而三地引發那些痛苦的情緒，讓自己一步步陷入黑暗的所在。

那麼，我們要如何停止反芻式思考呢？

當我們正在進行反芻式的思考時，如果光憑藉心靈的力量把注意力轉移到別的地方，可能非常困難。我看過許多人使用一種積極而有效的做法：**當你發現自己正在進行**

反芻式思考時，可以堅定地往前伸出手，說：「停！」然後很快地做一個當下環境許可的動作。例如：起身離開原來的位子、做些別的事情，甚至走動一下或到外面待個幾分鐘等等。肢體活動有助於轉移心思。

有鑑於我們在反芻時會一再想到自己最不堪的特質以及生命中最糟糕的時刻，而感到難受，因此當你不知道該如何脫離這樣的困境時，最簡單的方法之一就是問自己一個問題：「我狀態好的時候會怎麼做？」當你正處於消沉、憂鬱狀態時，當然無法指望自己能做出你在狀態很好時會做的事，但你可以在腦海裡想著你要前往的那個方向。所以，如果我發現自己一直坐在那裡想著生命中的某個痛苦經驗，想了好幾個小時，就可以問自己：「我狀態好的時候會怎麼做？」答案可能是：「我會站起來，去沖個澡，放些讓我開心的音樂，或者去做一項我喜歡、能夠吸引我注意力的活動。」

如果你是一個很容易陷入反芻式思考的人，那麼當你獨處時，那些負面的想法和不堪的回憶往往就會浮現在你的腦海中，揮之不去，讓你痛苦不已。要驅除這些想法，最有效的方法可能是與他人連結。你可以找個朋友或治療師，向他們訴說這些想法。他們在仔細聆聽之餘，也會給你一些回饋，成為你的一面鏡子。這將可幫助你自我覺察，並提醒你要停止這種反芻式思考，把注意力轉移到對自己的福祉更有益的地方。

正念

正念是我們任何時候都可以試著培養的一種心境。它指的是：留意當下，全神貫注地覺察自己的念頭、感受和身體的知覺，但不加以批判。這種做法雖然不能讓你的心情馬上變好，也無法解決你所面臨的問題，但可以讓你對自己的體驗有更細緻的覺察，使你更能審慎選擇該如何因應。不過如果你不確定自己該如何進行，或許就很難做到。總而言之，冥想就像心靈的健身房，讓你有一個空間可以練習你的技巧。

如何進行

如果你不曾做過正念練習，不妨從引導式冥想開始。網路上有很多這類的資源，我在我的 Youtube 頻道上也收錄了一些。正念冥想的技巧很多，各自有其流派，但大多數的目標都是要讓你的心思更加清明。所以你可以嘗試幾種不同的方式，看看哪一種最適合你。

感恩練習

另一個既簡單又可以轉移注意力的方法，就是感恩練習。你可以找一本小筆記本，每天寫下讓你感恩的三件事，大至你心愛的人，小至日常生活中的小確幸（例如，你工作時喝的那杯咖啡的滋味）。這種方法聽起來似乎太簡單了，怎麼可能會有效呢？但你要知道，每當你俯首感恩時，就是讓你的大腦練習把注意力轉移到那些讓你愉快的事物上。你愈常做感恩練習，遇到情況時就愈能夠轉移你的注意力。

工具箱

讓感恩成為一種習慣

- 寫下三件讓你感恩的事。無論大事或小事都可以。重要的不是你寫些什麼，而是練習轉移你的注意力。
- 花幾分鐘的時間思索那幾件事，並感受你在感恩時所產生的感覺與心情。
- 偶爾做一次固然很好，但如果每天都做，你就會愈來愈能選擇要把注意力放在哪裡，並體驗到這樣做所帶來的好處。

本章摘要

- 我們無法控制浮現在腦海的念頭，但可以選擇要把注意力聚焦何處。
- 當你試著不去想某件事時，反而愈會想它。
- 如果你任由所有的念頭浮現，而選擇把時間和注意力放在特定的念頭上，就有可能改變你的情緒。
- 轉移自己的注意力是一種技巧。我們可以透過正念冥想和感恩練習來練習這種技巧。
- 我們需要思考自己所面臨的困難，但也需要思考自己想要什麼、希望有什麼感受或採取什麼行動。
- 想法並非事實。它們只是大腦為了幫助我們理解這個世界而提出的一些建議。
- 我們的想法之所以能夠影響我們，是因為我們相信它是唯一的事實。
- 如果我們不想受到它們的影響，就要後退一步，和它們保持距離（後設認知），並看清它們的本質。

4 如何讓心情變好

心情低落時，我們可能很難做決定。原本情況好時能夠立刻做出的決定，此時卻顯得很不容易。我該打電話到公司去請病假嗎？還是硬著頭皮上班，再看看會怎樣？我應該打電話給朋友嗎？還是等到情況比較好的時候再打？我應該吃養生餐嗎？還是吃些比較療癒的食物？

心情低落時，我們之所以很難做決定，是因為這時我們會本能的想去做一些事，我們知道這些事對我們的情緒毫無益處，但又覺得那些對我們有幫助的事我們好像做不到，於是糾結到底怎樣做才最好，同時責備自己一直沒有採取行動。這種情況就是完美主義在作祟。完美主義會讓我們很難做出決定，因為每個決定都有一些不確定性，而且多多少少都會有一些不良的後果。

如果我們想要解決這個問題，就必須把重點放在如何做出良好的決定，而非完美的決定。所謂「良好的決定」，就是能讓你朝著自己想要的方向前進的決定，雖然它不一定能讓你馬上抵達目的地。

無論如何，在這個時候，縱使面對的是微不足道的小事，我們還是必須做出決定。無論在什麼情況下，只要你的生存面臨威脅，你勢必需要做出決定並採取行動。比方說，當你發現自己置身於暗無天日的深水中，不知該游往哪個方向才安全時，如果你不立刻選擇一個方向且開始游動，很快就會有滅頂之虞。因此，當你情緒低落、什麼事情都不想做時，你更要設法做一些正向的事情（無論是多麼微不足道的小事），才能讓你朝著自己想要的方向前進。

在心情低落時我們之所以難以做出決定，是因為我們往往根據當下的感受，以及我們希望擁有的感受來做決定。如果我們能根據自己認定的意義、目標與價值觀做出決定並採取行動，就不會一直聚焦於自己的情緒。因此，當你心情低落時，要試著把注意力放在你個人對於健康的信念上。哪些事情攸關你的身心健康？你要如何在日常生活中實行？你當下的生活方式是否符合那樣的信念？今天你可以做什麼事情來照顧自己的健康，一如你所期望的那樣？

持之以恆

當你心情低落，連日常的小事做起來都很吃力時，就不要給自己設定無法達成的目標。你可以做出一個小小的改變，而且這樣的改變是你每天都做得到的，然後承諾自己一定要做到。起初，你可能會覺得這樣做有點傻，因為這個小小的改變並不會讓你立刻看到明顯的成果。但它的作用遠比成果重要得多，因為它會讓你逐漸養成一個你在日常生活中可以做到的新習慣。久而久之，這個習慣就會成為你第二天性。因此，你要從小地方著手，而且持之以恆。唯有緩慢的改變才可長可久。

別跟自己過不去

我們在談論如何渡過低潮期時，不能不談談自我批評和自我撻伐。在心情低落時，我們會更容易批評自己、撻伐自己。叫別人不要跟自己過不去，說來容易，但如果你從小就養成了這個習慣，光是告訴自己不要這麼做是無濟於事的。不過，我們雖然無法克制這些想法不浮現，卻能增強自己覺察這些念頭的能力，不讓它們對我們的感受與行為造成太大的影響。我們可以像對治自己的思考偏誤一般，覺察它們，和它們保持距離。如此一來，我們就會認清那些想法只不過是充滿情緒的判斷，而非事實。

你可以在腦海中想像一個畫面：某個你無條件地愛著的人正像你一樣批判著自己。這時，你會對他說些什麼？你希望他如何面對並接受自己的不足？希望他以怎樣的方式對自己說話？

我們都有悲憫之心，但我們經常疼惜他人，卻忘了疼惜自己。以上這種方法可以幫助我們喚醒內心深處的慈悲。

自我疼惜並不等同自我放縱，而是對自己說一些此刻你最需要聽到的話，讓自己有力氣再次站起來，而非把自己推倒在地。自我疼惜是以誠實坦率的態度，像我們的父母、教練或專屬啦啦隊，鼓勵自己、支持自己、善待自己，並慈愛地拍去身上的塵土，看著自己的眼睛要自己重新振作起來，再試一次。頂尖的運動好手之所以在賽事的兩個回合之間，都有人幫他們加油打氣是有道理的。他們瞭解話語對人的重大影響。無論你是在拳擊場或網球場上拚博、要在會議裡做報告或參加考試，你都需要有人為你加油打氣。

因此，如果我們能把自己當成我們心愛的某個人，以支持、鼓勵的口吻對自己說話，我們的情緒就會大大不同。

你希望有何感受？

心情低落時，我們往往會把注意力放在我們不想要有的想法或感受上。這樣做固然有其好處，但如果我們希望擺脫這些想法或感受，就必須知道自己究竟想要什麼。

工具箱

想一想，你可以如何改變自己的感受

你可以填寫心情低落時的十字公式。相關範例，請參見62頁圖（五）。當你分析了讓你心情低落的想法與行為之後，請在空白處寫下你在心情比較好時的公式（參見350頁）。這一次，你要先從情緒那一格開始，寫下你希望能在日常生活中更常感受到的情緒。相關範例，請參見63頁圖（六）。

現在，你已經明白你的心情和你的身體狀態、想法和行為都有關係，因此請利用以下提示，來幫助你填寫該公式的其餘部份：

- 過去你有那種感受時，心裡都在想什麼？
- 要產生那種感受，你需要有什麼想法（如何對自己說話）？
- 過去你有那種感受時，都表現出什麼行為？比較常做什麼或少做什麼？

- 要產生那種感受，你需要如何對待你的身體？
- 你心情很好時，腦子裡有什麼想法？
- 當時你注意力的焦點放在哪裡？你內在的聲音聽起來是什麼樣子？

看看這個公式是否能讓你察覺，過去有什麼事情能讓你心情變好，或看出你在日常生活中可以留意哪些事情或做出哪些改變。你可以用這個公式來探究，哪些方式對你最有效。

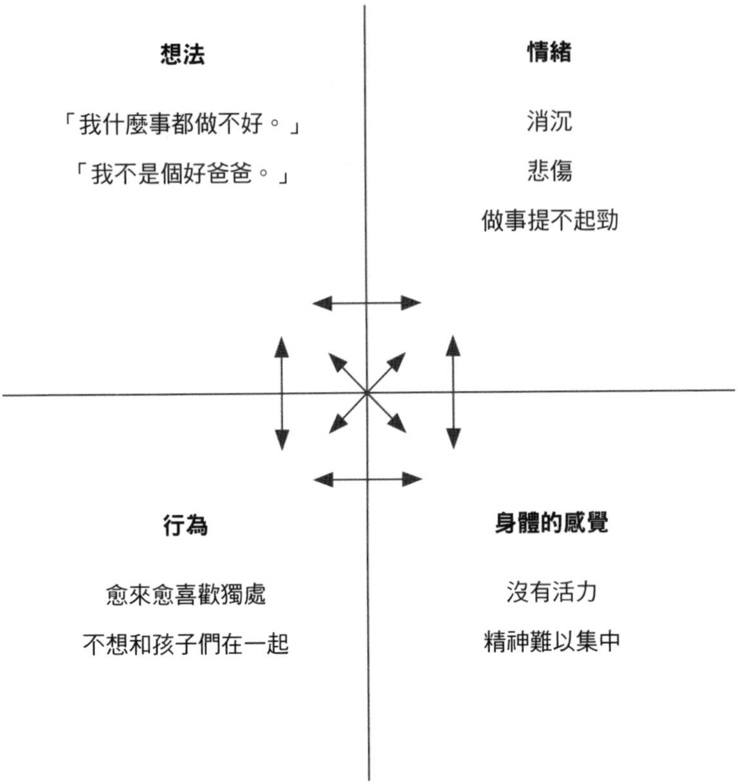
想法
「我什麼事都做不好。」
「我不是個好爸爸。」
情緒
消沉
悲傷
做事提不起勁
行為
愈來愈喜歡獨處
不想和孩子們在一起
身體的感覺
沒有活力
精神難以集中

圖（五）：心情低落的公式範例。

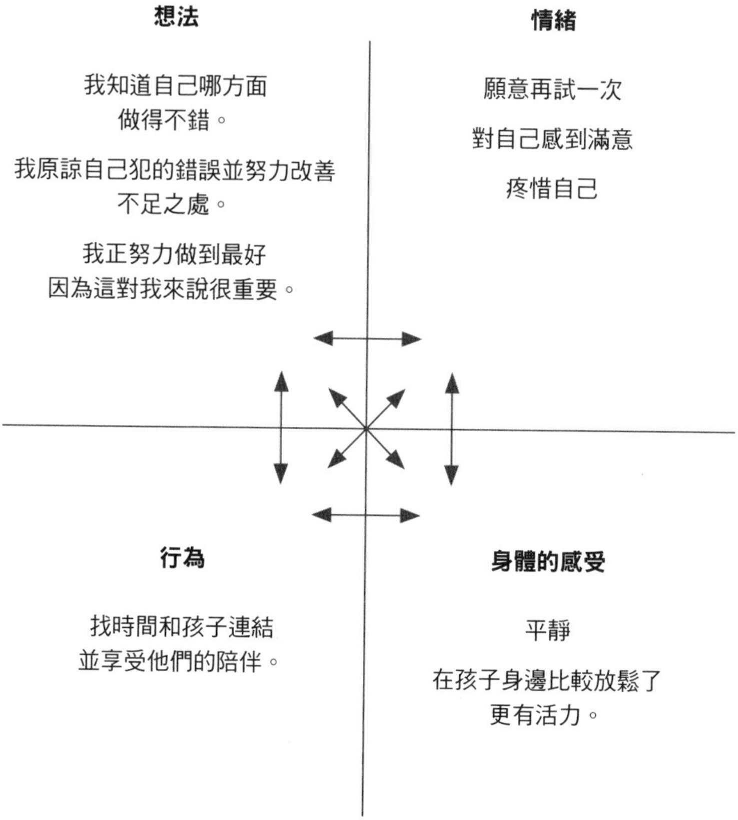
想法
我知道自己哪方面
做得不錯。
我原諒自己犯的錯誤並努力改善
不足之處。
我正努力做到最好
因為這對我來說很重要。
情緒
願意再試一次
對自己感到滿意
疼惜自己
行為
找時間和孩子連結
並享受他們的陪伴。
身體的感受
平靜
在孩子身邊比較放鬆了
更有活力。

圖（六）：心情較佳時的公式範例。你希望有什麼樣的感受、行為和想法？

試試看

尋解導向的奇蹟問句

請想像一下，當你闔上這本書時，一個奇蹟發生了：你之前拚命要解決的困難，通通都消失了。

- 困難消失後，最早出現的跡象是什麼？
- 現在你會怎麼做？
- 你會願意做什麼？
- 你不願意做什麼？
- 你會把你的精力和心思花在什麼事情上？
- 有哪些事情你會更常做（或更少做）？
- 你和別人互動的方式會有哪些改變？
- 你的生活方式會有哪些改變？

• 你對自己說話的方式會有哪些改變？
• 有什麼事情是你終於能夠放下的？

請花點時間思考你對以上這些問題的答案，包括你願意在日常生活中做出哪些小小的改變。這是一個很棒的練習。它可以讓你看到自己想要前往的方向，幫助你思考，目前你可以做出哪些改變來改善生活。我們的所作所為和做事的方式會影響我們的身體和大腦，改變我們的感受。因此，在心情低落時，如果我們能轉移自己的注意力，想一想什麼事情對我們最重要，以及我們想成為一個什麼樣的人，我們的心情可能變得大不相同。這個方法可以讓我們把注意力從問題本身轉移到解決問題的方法上，讓我們可以開始往前看。

本章摘要

- 心情低落時，我們要在意的是如何做出良好的決定，而非完美的決定。任何一個決定只要「夠好」就能讓你產生真正的改變。如果你太過追求完美，就很難做決定，但你必須做出決定並採取行動，才能改善自己的心情。
- 你要設法做出小小的改變並且持之以恆。
- 當別人心情低落時，我們會善意的對待他們，因為我們知道這是他們所需要的。因此，如果你想改善自己的情緒、提升自己的心理健康，就要練習疼惜自己。
- 一旦你明白了問題所在，就可以思考自己想要什麼，並且放眼未來。

5 掌握生活的基本面

請想像一個場景：我們請來了世上最厲害的一支足球隊，要他們上場比賽，卻不許他們的守門員出場。在這種情況下，即使那些原本沒有對他們構成任何威脅的對手，應該都有很大的機會可以打敗他們。守門員所扮演的角色或許不像前鋒那般引人矚目，但我們都低估了他們決定比賽成敗的力量。

最基本的東西往往也是我們最容易忽略的。比方說，當你的母親要你早睡早起、多吃蔬菜時，你總是忍不住翻白眼。但有些東西（例如：那些守門員），我們總是要等到失去之後，才明白它們的重要性。在心情低落時，我們最先放棄的總是生活中那些基本面。我們不再和朋友往來，每天喝太多咖啡以致於晚上睡不著覺，也不再運動等等。你可能會問：這真的有差嗎？事實上，科學研究的結果顯示：這類行為有點像是讓你的守門員離開球場，而且球門無人看守。

這些基本面看起來平凡無奇，不像那些號稱能夠根治所有問題的方法那般受人矚目，但卻是我們存在健康銀行裡的存款。如果你平常能夠注意這些事情，當你遇到困難時，就不致於倒下。就算倒下了，也還能站得起來。

但你也不需要樣樣都做得盡善盡美。究竟怎樣的飲食最好，各家說法不一。人際互動要多到什麼程度或者哪一種互動形式最為理想，也沒有一定的標準，因此你不需要期待自己做到完美。但它們是生活的基礎，是你的守門員，因此你必須像對待前鋒那樣加以關注，因為你是否能顧到這些基本面，將決定你是否能繼續留在賽場上。不過，即使你其中一項沒做好，也可以用另一項來補足。而且就算你沒有做到位，也不代表你犯了錯或失敗了，因為生活中難免會有各種狀況。比方說，孩子剛出生的時候，父母親可能無法睡飽，但這時他們就可以刻意讓自己吃好一點，並且和朋友、家人保持往來，以幫助自己在這段期間保持良好的狀態。

在瞭解生活中的基本面乃是我們的防護機制之後，我們就可以加以注意，定期地評估自己在這些方面做得如何，並看看還有哪些細節或許可以改善或加強。

如果你覺得這是老生常談，想跳過這個章節，那你更有必要好好的讀一讀，因為我們往往低估了這些防護機制的力量，以致於我們在面臨壓力或心情不好時，往往最先放棄的就是這些基本面。但學界在這方面的研究已經有很明確的結論。近年來的研究也顯示，這些防護機制的影響範圍比我們所想像得更加廣泛。

運動很重要

無論你是偶爾心情有些低落，還是有嚴重的憂鬱症，運動都極具抗憂鬱的效果（Schuch et al., 2016）。正在服用抗憂鬱藥物的人如果能加上運動，效果會更好（Mura et al., 2014）。

運動會促使你的身體分泌更多的多巴胺，並且增加大腦內的多巴胺受體（Olsen, 2011），讓你更能享受日常生活的樂趣（McGonigal, 2019）。因此，如果你能找到自己喜愛的運動，不僅能讓你在運動時感到喜悅，也更容易享受生命中的其他樂趣。

不幸的是，對我們而言，運動已經成了一件痛苦的事，目的就是為了改善自己的體態。關於運動的話題主要都是聚焦在：運動雖然辛苦，但可以讓我們變得更好看。難怪有這麼多人認為他們不需要運動。

至於運動對我們的感受有何影響，則一直乏人討論。但在新冠肺炎延燒期間，有許多人重新體會到在藍天綠地之間運動的喜悅。在被迫待在室內如此長的一段時間之後，他們格外能感受到，在戶外散步等活動的效果。科學研究已經證明在大自然中從事運動對人的心理狀態會產生影響。研究人員對一群正在接受「認知行為治療」（Cognitive Behavioural Therapy，簡稱ＣＢＴ）的成人做了一項研究，結果顯示：在森林中接受治療的那一組情況改善的比率，比在醫院裡接受同樣治療的那些人高出了百分之六十一（Kim et al., 2009）。

對於那些不想從事激烈運動的人，動作較為緩慢的瑜珈同樣能對心情產生顯著的效果，而且能讓人的身心更快平靜下來（Josefsson et al., 2013）。

如果你決定要開始運動，並不一定要去跑超級馬拉松，或者在昂貴的健身房做舉重訓練。事實上，**如果你能從輕鬆一點的運動做起，就會更容易產生動力**。剛開始時，你甚至不一定要到戶外去。你可以放一些自己喜歡的音樂並隨之而起舞，直到稍稍有點喘為止。只要你選擇的運動做起來不會很吃力，而且能讓你從中感受到喜悅，你就比較有可能會持續下去。光做一次當然不可能帶來什麼改變，但**如果你能逐漸增加運動量並且持之以恆，你的生活就有可能出現顯著的改變**。

運動除了能讓你心情變好之外，對你的身心也有許多正面的影響。但你不一定要信我的話，可以自己去找讓你感到愉快或有意義的方式增加你的活動量，然後看看自己有什麼感受。

睡眠要充足

任何人只要缺乏睡眠，身體或心理就很容易生病。不過，反過來說，心理健康也會影響睡眠。如果你的心理健康因為壓力、焦慮或心情低落而受到了影響，到了某個階段，你很可能就無法睡得好。無論何者為因，何者為果，當你的睡眠不佳時，你的心情也不可能會好，而且會以為自己很難復原了。睡眠不足時，你會覺得所有的事情都變得困難許多。有鑑於睡眠對你的身心各方面的深刻影響，如果你認為自己的睡眠品質不佳，最好能花一些時間與工夫試著改善。

如果你有長期失眠的現象，我強烈建議你去尋求專家的協助。但如果你只是想提升睡眠質量，不妨試著依照以下這幾個方法來做。在此，我要再提醒一次：我們沒有必要追求完美。要擁有良好的睡眠，你不需要做到以下的每一件事。生活中偶爾難免會有一些狀況，以致於你無法擁有健康的睡眠形態。如果你必須上夜班、長途旅行、家裡有小小孩，或者習慣熬夜打電動，都可以學習自我檢測，並做出必要的改變，讓自己重回正軌。

- 劇烈的運動要在白天做，晚上盡量讓自己放鬆。
- 上床前洗個熱水澡能夠幫助你的身體達到睡眠的理想溫度。
- 起床後的半小時之內盡量讓自己暴露在自然光中。負責調節睡眠模式的生理時鐘會受到光照的影響。室內光固然有助益，但戶外的自然光最好，即使是在陰天也是如此。你可以在每天早上醒來後，立刻去戶外待上十分鐘。白天也要盡量抽時間到戶外去活動。

• 傍晚太陽下山後，要把燈光調暗。至於電腦或電視螢幕，研究顯示螢幕燈光的顏色影響較小，亮度影響較大。因此晚上要盡量把螢幕的亮度調低，並且儘早關掉電腦或電視。

• 白天時要設法解決自己擔心的問題。該做的決定、該訂的計畫或尚待完成的事項都要在白天時處理好。這將決定你是否能有良好的睡眠。白天時，我們解決問題的能力遠高於夜晚。但如果我們忽視那些問題，不去處理，到了晚上要睡覺時，它們往往就會浮現在我們的腦海裡。因此，在白天時你要儘可能把該做的事情做完，到了晚上時則要盡量讓自己的腦袋放空。

• 如果你一躺在床上，就開始擔心這個、擔心那個，不妨試著把自己擔心的事情寫下來。你可以把紙筆放在床邊，當你開始擔心某件事情時，就立刻把它寫下來。只要寫上幾個字或交代重點就行了。如果還有別的事情讓你擔心，也要一一把它們寫下來，當成你第二天的待辦事項，並答應自己明天一定要花點時間解決這些問題。這樣你就可以把煩惱拋開，安心休息。

• 睡眠是勉強不來的。你愈是刻意要讓自己睡著，愈睡不著。但如果你能創造出一個讓自己的身心都感到安全、平靜的環境，自然而然就能夠睡著。因此，你不要老是擔心自己能不能睡著，而是要盡量放鬆、休息，讓自己的心情保持平靜，其餘的部份就交給你的大腦。

- 傍晚和晚上時，要盡量避免攝取含有咖啡因的食物或飲料。時下賣給年輕人的那些能量飲料往往含有大量咖啡因，會擾亂睡眠並引發焦慮症狀。
- 上床前的一段時間最好不要吃太多東西，尤其是含有大量精製糖的大餐。任何會讓你分泌更多壓力荷爾蒙的食物，都會讓你更不容易入睡而且睡不安穩。

營養要均衡

心理健康和身體健康密不可分，而且會相互影響。**近年來，科學研究在這方面已經有了重大的發現，大腦的營養狀況會影響人的感受。**一些研究甚至顯示：有憂鬱症狀的人如果能夠補充營養，情況將可大幅緩解（Jacka et al., 2017）。此外，飲食方面的改善有助預防老年時的憂鬱症（Sanchez-Villegas et al., 2013）。

有鑑於人的心情會受到好幾個因素的影響，我們自然需要從各方面來解決這個問題。大多數人只要稍微思考一下，就能想出一些方法來改善自己的營養狀況。根據世界各地的學者所做的研究，**要保障心理健康，並不一定要嚴格遵守哪一種飲食方式**。科學家們曾就地中海的飲食方式做了廣泛的研究，結果顯示這種飲食方式確實對心理健康頗有益處，但其他許多種飲食方式也能降低人們罹患憂鬱症的風險，包括：挪威、日本和盎格魯撒克遜民俗的傳統飲食方式（Jacka, 2019）。這些飲食的共通之處在於它們都包含了：未加工的原形食物、健康的油脂，以及全穀類食物。

關於食物，坊間有許多錯誤的資訊，因此我在本書的「資源篇」中列出了一些比較值得信任的讀物。你如果有興趣，可以進一步閱讀。不過最重要的概念是：如果你想走出情緒的低潮、增進自己的心理健康，就必須攝取良好的營養。因此在必要時，你不妨吸收一些相關的知識，瞭解何謂良好的營養。

不過，誠如我先前所言，就算你立刻大幅改變自己的生活方式，但如果你無法持之以恆，仍然於事無補，還不如**經常問自己：「今天我能做些什麼改變來改善自己的營養？」然後每天都做**。

日常活動要重視

另外一個攸關我們的心理健康和復原力的因素，便是我們的日常活動。在影響我們的幸福與健康的諸多因素中，日常活動可能是最不受重視的，直到新冠肺炎使得許多人的生活步調大亂，無法進行日常活動時為止。

重複且可預測的活動能夠予人安全感，但人們偶爾也需要一些變化和冒險的感覺。所以，我們喜歡為自己安排一些例行活動，但偶爾也會想要打破常規，去做一些好玩、刺激、有意義的事。

心情低落時，我們的日常活動可能會受到影響。比方說，你可能會因為要逃避第二天的工作所帶來的壓力就熬夜看電視，於是早上就起不了床，逐漸地你就不再利用早上的時間去做運動了。

也可能你在失業了一段時間之後養成了睡午覺的習慣，於是到了晚上就很不容易入睡。此外，因為不需要上班，你的人際互動也減少了。於是，你一連好幾天足不出戶，也懶得洗澡，早上甚至不想起床。然後，你的食慾開始減退，又因為精神不濟而一天到晚喝咖啡……於是你的日常活動逐漸有了變化。

這些改變看似微小，卻很重要，因為所有的小改變累積起來就能造成很大的影響。如果你用一個高腳玻璃杯裝著清水，並在裡面滴入一小滴果汁，這杯水看起似乎沒有什麼改變。但再加兩、三滴，水的顏色就會開始產生變化。當你加了足夠的果汁之後，水的顏色和味道都會變得大不相同。因此，儘管日常生活的小事或許不足以完全改變你的心情，但還是很重要的。

不過，這並不是要你每天非做什麼不可。你只要根據自己的情況安排一套兼顧可預測性和冒險性，而且適合自己的日常活動就可以了。當你發現自己溢出常軌時，就要把自己拉回來，這樣才不致偏離正確的方向。

人際連結

照顧自己的身心固然必要，但如果我們要維持心理健康，最有效的方式之一就是：培養良好的人際關係（Waldinger & Schulz, 2010）。

惡劣的人際關可能會對我們的心情和情緒狀態造成很大的衝擊。但反過來說，心情低落時，我們可能會感覺與周遭的人失去連結，並且深感孤獨，而這也會影響我們的人際關係。

心情低落時，你可能會覺得沒有力氣和任何人打交道。這便是憂鬱的陷阱。憂鬱症會讓我們想要躲起來，遠離人群，等到心情比較好時再和人接觸。於是我們便等呀等的，期待自己心情變好，但這樣就讓我們無法往前跨出一步。儘管獨處一段時間可以為自己的心靈充電，蓄積能量，但這時也很容易陷入反芻式負面思考模式，因而厭棄自己，使自己更無法走出憂鬱的泥淖。

這時，我們如果能和別人在一起（即使這違背了我們的意願），觀察他們、和他們互動，並且和他們建立連結，心情可能就會變好一些，也可以讓自己回到現實世界，不致於一味地沉溺在自己的想法中。研究顯示，擁有良好社會支持的人，通常心情也會比較好（Nakahara et al., 2009）。

許多人在心情不好時從來不告訴別人，因為他們深信自己狀態不好的時候會給身邊的人帶來負擔。但科學研究的結論卻顯示：社會支持無論對支持者或被支持者而言，都具有正面的效果（Inagaki et al., 2012）。因此，當我們心情很差，想要走出低潮時，最有效的方法之一就是，去和別人接觸，不要閉門獨處，而且不能等到自己有意願的時候才這麼做，因為你必須先採取行動，才會產生這樣的心情。你花愈多時間和別人建立深刻的連結，就愈能提升自己的心理健康。

當你和別人在一起的時候，不一定要談論自己的感受。事實上，你什麼話都不用說，只要看著身邊的人，對他們微笑就可以了。但如果你可以的話，就可以跟他們聊聊。我們心情低落或憂鬱的狀態下和別人在一起，可能會感到焦慮不安，擔心別人會如何看待我們。但這是因為我們太喜歡批評自己，以致認定別人一定會批評我們。你還記得這是哪一種思考偏誤嗎？

儘管有時我們並不想和別人相處，但人與人之間的連結可以增進我們的復原力。當我們心情低落時，良好、安全的人際關係會對我們有所助益。如果你無法和家人或朋友建立這樣的連結，可以先尋求專業的協助，直到你能在自己的生活中發現，並建立新的、有意義的人際關係為止。

本章摘要

- 運動、營養、睡眠、例行活動與人際關係，能為我們的心理健康奠定良好的基礎。如果我們每天都能做些投資，就能夠連本帶利的回收。
- 如果你今天只能做一件事，那就去運動吧。如果你能選擇一項自己樂於從事的運動，就比較有可能持之以恆。
- 睡眠和心理健康會相互影響。如果你能重視睡眠，讓自己睡得飽、睡得好，對你的心理健康將會很有幫助。當你的生活方式改變時，你的睡眠也會受到影響。
- 大腦的營養是否充足會影響心情。地中海、日本和挪威地區的傳統飲食方式，都有益心理健康。
- 人際連結是走出憂鬱的有效工具。人際關係對人的身心健康都有影響。

II

動力

6 瞭解動力

我們在學習各種可以終生使用的心理技巧時，往往認為動力也是其中之一。但它並非一種技巧，也不是一種天生的人格特質。

有很多人都知道自己該做什麼，但就是不想立刻去做，而且過了一段時間之後還是不想。有時，我們會滿懷熱忱地朝著一個目標前進，但過了幾天後，勁頭就沒了，於是一切又回到原點。

之所以會這樣，並不是因為我們有什麼毛病，而是人性天生如此。動力就像情緒一樣，變化無常，時有時無，因此我們不能指望自己永遠充滿幹勁。但這對我們的夢想和目標，會造成什麼影響呢？

我們的大腦會一直關注我們的身體裡面所發生的事。它知道我們的心跳、呼吸和肌肉處於什麼狀況，並且會對這些資訊做出反應，判斷它應該把多少精力投注在眼前的工作上。這意味著我們可以設法加以影響。如果我們能改變自己的身體狀況，就可以影響大腦的活動，然後我們的大腦又會反過來影響我們的感受。這是我們可以善加利用的一點。

當我們感覺自己做什麼都提不起勁時，可以運用以下這兩種方法：

- 學習如何培養那種充滿幹勁與活力的感覺，讓自己得以更常處於這種狀態。
- 學習如何在沒勁的時候也能做出對自己有益的事，讓自己更有能力去做該做的事，即使內心並不想做。

拖延症或失樂症

在此，我想先說明一下拖延症和失樂症的不同。每個人都會有拖拖拉拉的時候。當我們對自己非做不可的事感到厭惡或壓力很大的時候，就會一再拖延。以我自己為例，儘管我已經在社群媒體上製作了成千上百部教育性的影片，但每當我要做一部讓我覺得不太舒服或很難做得好的影片時，我還是會整天摸東摸西，做些別的事情。我告訴自己我很有生產力，做了那麼多事，但其實我只是在拖延罷了，因為我一想到要製作那部影片，就覺得很困難或很不自在。

失樂症則不同。它指的是我們不再能從過去喜歡做的事情中得到樂趣的一種現象。有一些精神疾病（包括憂鬱症）會導致失樂症。當我們有這種現象，就會開始質疑世上是否有任何事情值得去努力。從前那些讓我們感到喜悅的事情現在變得毫無意義可言，於是我們就不想做了，儘管這些事有可能會讓我們的心情變得比較好。

當我們開始避免去做某件對自己很重要或有意義的事情時，心裡會想：等到自己有意願、有能量、有動力或已經準備好的時候，再去做它就行了。問題是：這種感覺並不會自動出現。我們需要透過行動來創造這種感受。如果你什麼事都不做，只會變得更無精打采、更提不起勁，讓情況變得更糟。動力是行動所帶來的美妙副產品。那是你走出（而非走進）健身房時的美妙感受，是你在做某件事時你的大腦和身體因應挑戰的那種充滿活力與幹勁的感覺。這種感覺有時轉瞬即逝，有時會持續很久，而這主要取決於其他因素。有些因素會助長這種感覺，有些則會加以抑制。

因此，**當我們心情低落，不想做某件事，但仍動手去做的時候，就能夠改變我們的生理狀態與情緒狀態。這並不表示只要放點音樂或做點運動，就能解決你所有的問題或改變你的生活，但只要你去做了，就會引發一些連鎖反應，**改變你的方向，而且有可能刺激你的大腦，讓你體驗到充滿喜悅與動力的感覺。

罹患憂鬱症並因而有失樂症現象的人，可能要經過一段時間才能再度有動力去參加一些活動，並享受其中的樂趣，而且可能有很長一段時間會時好時壞、起起伏伏。但在這段期間，即使我們不想，還是必須努力去做那些對自己很重要的事，以便有朝一日，能夠再度享受那些活動帶來的樂趣。

本章摘要

- 一個人有沒有動力並不是天生的。
- 我們不能指望自己永遠都充滿活力與幹勁。
- 即使不想做某件重要的事，但仍然去做，就能逐漸培養出幹勁。
- 人們之所以會拖延，往往是為了逃避壓力或不舒服的感覺。
- 失樂症指的是我們不再能從過去喜愛的活動中得到樂趣。我們在心情低落和憂鬱時，往往會有這種現象。
- 如果一件事情對你很重要，而且可能有益健康，就不能等到你想做的時候再做。無論你想不想，都要去做。

7 如何培養動力

動力不只是做事的動機。當我們使用這個字眼時，往往是指一種充滿熱忱、興致勃勃的感覺。這種感覺會像情緒一樣波動，時強時弱。有些事情會讓你產生動力，有些事情則會削弱它。通常你做了哪些事情之後，會產生那種充滿活力與幹勁的感覺呢？

科學研究顯示：有些事情可以幫助大多數人培養動力。但如果你帶著好奇心檢視自己的生活，以瞭解個中的細節，將會更有幫助。我們無法改變自己沒有意識到的東西。因此，你務必花點時間觀察並記錄自己做事時的感受。這將使你有機會更常感受到那種動力滿滿的感覺。

以下這幾個方法，可以幫助你提升動力。

肢體活動

動力，並非源自大腦中的某個部位。它不是一種固定不變的特質，也不是我們採取行動的必要工具。事實上，它往往是行動所導致的結果。

但如果你沒有動力去做運動，那該怎麼辦呢？要讓運動成為你日常生活中的一部份，或許關鍵是要找到你在沒什麼動力時，也可以進行的一種運動。研究顯示，即使只從事少量運動也比完全不運動好。只要比你平常的活動量稍微多一點的運動，就有助增強你的意志力（Barton & Pretty, 2010）。你可以試著找一種讓你覺得輕鬆、開心、令你樂於從事的運動，並且找幾個朋友一起做，或放一些好聽的音樂等等，讓你每天都期待著這一刻，而非抗拒它的到來。

只要你能開始運動（無論是多麼溫和的一種），你就會有動力。但在心情低落時，你一定不會想動。因此，或許你有必要勉強自己一下。但只要你踏出了這一步，你就不會一整天都「提不起勁」。只要你開始運動，你就已經往成功的方向邁進了。

與目標保持連結

我們心理師在諮商時往往會和案主一起擬定目標，並幫助他們設法達成。但真正的考驗，是在他們偏離目標的時候。這時，那些沒有心理師從旁輔導的人可能就會放棄了。但我們必須設法藉著這類挫敗來避免重蹈覆轍。如果我們能深入瞭解自己為什麼做不到，並體認這是很正常的現象，就比較能夠預期類似情況什麼時候可能會再度發生，並且設法加以避免。

有些案主告訴我：他們在諮商後會感覺自己的動力增強了許多。我想其中一個原因是：他們在諮商時和自己的目標重新連結了。如果我們沒有清楚的意識到自己想要達成的目標，可能很快就會失去動力。

無論你的目標是要提振心情，還是讓自己在其他方面變得更好，你都必須和它們保持連結，因為你需要不斷地提醒自己，才不致於忘記。你可以透過寫日記的方式每天回顧自己的目標，而且不需要花很多時間，只要每天早上花大約一分鐘的時間，寫下你今天為了邁向目標打算做的一、兩件事，然後到了一天的末了，再寫下幾行字回顧這一天的經驗就可以了。由於這種做法並不需要花上太多時間（頂多兩三分鐘），因此你很容易持續下去。這樣就可以確保你每天都給自己一些交代，並讓你把自己的目標放在心上。

一次只做一件事

任何工作如果太過困難，就會讓我們提不起勁，因此只要集中火力，一次做一點就可以了。許多人在經過諮商後，生命出現了翻轉，但這並非一蹴可幾。他們的問題並不會在一次諮商之後就通通解決，他們的心態也不可能立刻改變。因此每次諮商後我都會給案主一個任務，請他們回家後只要專心把這件事做好就可以了。這是因為我們一次只能專心做一件事，而且沒有太多能力做自己不想做的事。

但是大多數人都不以此為足。他們知道自己需要徹底改變，於是便試著一次到位。由於他們對自己期望過高，結果就把自己搞得精疲力盡，甚至乾脆放棄，因而喪失了信心。如此一來，他們就不太可能再度嘗試了。

當我們在追求長期目標的過程中失去動力時，不妨給自己一些小小的獎勵。我指的並非外在的獎賞，而是內在的。你可以給自己一些鼓勵。比方說：恭喜自己做出了若干努力，並告訴自己這樣做是值得的，因為你正朝著正確的方向邁進。這樣做能幫助你重新找回動力並且繼續努力，因為你知道自己正在改變。

當我們體認到自己在追求目標的過程中已經有了進步，並且取得了小小的成就時，我們就會發現這些努力對自己造成了影響。當我們感覺自己的行動確實能夠產生一些作用時，就比較有動力持續下去。因此，剛開始時，我們一次只要做一件事，並慢慢養成習慣就可以了。只要你能持續做出健康的行為，它們就會成為你的支柱。

抗拒誘惑

我們之所以要增強動力，有時是為了幫助自己採取行動。但如果我們想要改變自己，有時也需要有足夠的意志力抗拒誘惑，以免做出和自己的目標背道而馳的事情。

我大約三、四歲的時候，有一次去爺爺家作客。走進花園時，我看到爺爺正用手持式電動割草機除草。由於機器出了一些問題，他就把那台割草機翻過來，把卡在刀片間的草屑拔出來。他看到我，轉過頭來對我說道：「你做什麼都可以，就是不要按那顆紅色按鈕。」

我坐在那台割草機旁邊，注視著機器側面的那個按鈕。腦海裡有個聲音提醒著我：「不要按！不要按！」但我心想：那個按鈕按下去之後會不會發出「喀嚓！」的一聲呢。「不要按！」它看起來很光滑呢。「不要按！」接下來我的手就像被磁鐵吸住般往前伸過去，按下了那個紅色按鈕，只見那割草機立刻「轟！」一聲轉動起來。幸而那天我運氣好，沒有一根手指頭被切斷，但我倒是學會了一句罵人的話。

顯然，一味告訴自己不該做某件事情是沒有用的。那麼，什麼方法才能幫助我們抗拒誘惑呢？在這方面，最重要的一個因素就是壓力管理。根據研究，我們在壓力不大而且心律變異度（heart-rate variability）很高時，最具自制能力。所謂的「心律變異度」指的是，心跳速率在不同時間的差異。它會顯示一天之內你的心跳速率有多大的變化。你可能會發現你早上剛起床時心跳會變快，然後再逐漸恢復到原來的速度。你跑著去趕公車時也是如此。這表示在必要時，你的身體會做好準備，讓你得以採取行動，事後再慢慢地平靜下來，讓你得以休息並恢復原來的狀態。但是當我們處於很大的壓力之下，心跳有可能會一整天都跳很快（變異度降低）。

為了抗拒誘惑、增強意志力，我們需要讓自己的身心平靜下來。任何會增加我們壓力的事物，都會讓我們比較沒有能力為自己的未來做出明智的抉擇。壓力會使我們更容易根據自己當下的感覺行事，妨礙我們達成自己的目標。因此，如果你睡眠不足、心情憂鬱、焦慮或飲食不健康，你的心律變異度就會下降，使你更難堅持自己的目標。無論你的目標是戒菸、戒掉垃圾食物，或想用更健康的方式管理自己的情緒，如果你想減輕壓力並增強自己的意志力，最好的方法就是運動。運動在這方面不僅會產生立即性的效果，也具有長期性的影響（Oaten & Cheng, 2006，Rensburg et al., 2009）。

因此，無論你想要做哪一方面的改變，只要你能增加活動量（哪怕只有一點點），就有助強化自己的意志力，使你得以持續下去（McGonigal, 2012）。

另外一個有助排解壓力、讓你更能做出明智決定的因素，便是睡眠。只要一天晚上沒睡好覺，第二天你就會感覺自己壓力變大、心神難以集中，情緒也會比較低落。要控制自己，是需要能量的。如果你睡眠不足，你的大腦就會比較沒有能量，也比較容易產生高度的壓力反應，使你很難控制自己的行動。

改變你對失敗的態度

如果預期自己做某件事會失敗，很容易會失去動力。但這也要看我們如何看待失敗。如果犯錯或沒做到該做的事就嚴厲無情的抨擊自己，內心會萌生羞愧與挫折感。如果認為沒把事情做好，就是沒用的人，那麼我們在做事前壓力就會很大，且一再拖延，企圖藉此免於羞愧。

羞愧感並不像我們所想像得那樣有助增強做事的動力。當我們一味地抨擊自己、滿心羞愧時，會覺得自己不夠好、有缺陷、不如別人。這時我們只想找地方躲起來、把自己縮小或乾脆消失不見。我們會想要逃避、閃躲，而非重新振作起來，再次嘗試。事實上，這種感覺會令人痛苦得想要麻痺自己。這對那些已經有某種癮頭的人是很危險的。因此，如果我們要堅持自己的目標，並保有繼續前進的動力，就要審慎思考自己如何看待在追求的過程中所遭遇的失敗。

如果你在治療過程中遇到阻力，要試著疼惜自己。我經常聽到案主這樣批評自己：「我失去了動力，提不起勁。」、「我什麼事也做不成。」、「我不能就這樣放過自己。」但大多數人也驚覺到：批評自我不僅不能增強動力，反而讓自己更加憂鬱（Gilbert et al., 2010）。相反地，自我疼惜（在失敗過後以善意、尊重、誠實的態度，對待自己並鼓勵自己）卻能增強動力，且帶來更好的結果（Wohl et al., 2010）。

試試看

如果我們沒有察覺我們如何批評自己，以及這些批評對我們產生的影響（讓我們害怕失敗、削弱我們做事的動力），就很難加以改變。

請利用以下提示，來檢視你在遭遇挫敗後，如何和自己說話。

- 你沒把事情做好時，會如何批評自己？
- 當時你的情緒如何？
- 你是否認為你如果沒把事情做好，就代表你不夠好或沒有能力？
- 當你這樣想時，內心是否有羞愧或絕望的感受？
- 你批評了自己之後通常會怎麼做？
- 這會對你原訂的目標產生什麼影響？
- 回想過去你沒有把事情做好，卻有人親切的對待你、鼓勵你的經驗。當時你有什麼感覺？這樣的經驗如何使你願意再試一次，把事情做好？

工具箱

挫敗後如何疼惜自己，讓自己重振旗鼓

回想你最近一次遭遇失敗或挫折的經驗，然後再做下面這個練習。

1. 回想這次經驗，你心中產生了什麼情緒？身體上哪個部位感受到這種情緒？
2. 當時你如何批評自己？用了哪些字眼？那些話讓你產生了哪些感受？
3. 那些感受讓你產生了什麼反應？
4. 請你在心裡想著某個你喜歡或尊重的人。如果他們遭受到和你一樣的挫敗，你是否會以不同的態度對待他們？為什麼？
5. 你會希望他們如何看待自己的挫敗，以便使他們能夠重振旗鼓？

本章摘要

- 我們雖然無法讓自己總是充滿動力，但可以設法讓自己更常有動力。
- 肢體活動能夠增強你的動力。哪怕你只做一些，也比完全不做好。
- 如果你能和你的目標保持連結，就會比較有動力。
- 微小而持續的努力勝過一次性的大動作。
- 如果你能學習讓自己在壓力情境間喘一口氣，休養生息，就可以增強自己的意志力。
- 羞愧感並不如你所想像得那樣有助增強動力。如果你能以不同的態度看待挫敗，就會更有動力去做事情。

8 如何勉強自己採取行動

無論我們如何設法減輕自己的壓力並提升做事的動力，難免還是會有提不起勁的時候。因此，我們不能指望自己隨時隨地都有動力做該做的事，也永遠會有一些事情是我們絕不想去做的。例如：報稅、將保單展期或倒垃圾等等。那麼，當我們不想去做某件事時，如何讓自己去做呢？

情緒通常伴隨著慾望。我們會建議、慫恿或說服自己去嘗試這個或嘗試那個，以便減輕自己的不適或尋求期待的獎賞。這些慾望可能會對我們產生很大的影響力，但我們並不一定要受制於它們。

反其道而行

小時候，我和我的姊妹們經常分吃一小包「寶路薄荷糖」（Polo mints），並且比賽誰能忍耐最久，不把口裡的糖果咬碎。這事聽起來容易，實際做起來卻難得多。你根本無法抗拒那種想把薄荷糖咬碎的衝動，所以你必須非常專心。一旦你分了心，或稍有鬆懈，你的大腦就會進入「自動駕駛」模式，你口裡的薄荷糖就碎掉了。

如果你玩過這個遊戲，應該會發現這個時候你會很專心地覺察自己的狀態。你會意識到自己的渴望，並且讓你的渴望與行動保持距離。你只要專心注意，就能夠選擇是要滿足自己的渴望還是加以抗拒。當你面對的是像「不要把薄荷糖咬碎」這樣簡單的任務時，手足之間的一些競爭就能讓你達成任務。但是當我們處於強烈的情緒狀態下，渴望做出一些已經根深蒂固的行為時，難度就高得多。

人們在接受心理治療時，所學習的一個重要技巧便是：如何無視於自己的渴望，做出更符合自己的目標行為（Linehan, 1993），也就是說：**當你的情緒驅使你去做某件事時，你要刻意採取相反的行動。尤其在你想做的事情有可能對你自己造成傷害時，這個技巧特別有用。**

其中的關鍵因素便是正念。如果我們能留意自己當下的想法、情緒和渴望，便不致於衝動行事。如此一來，我們便可以給自己足夠的時間做出明智的抉擇，或依照之前擬定的計畫，決定下一步要做什麼。這樣我們就能夠根據自己的價值觀行事，而不受到情緒的驅使。

無論想不想，做就對了

要強化自己做事的動力，最好的方法就是排除動力這個因素。有些事情無論我們想不想做，還是會每天都做。舉個例子，每天早上你刷牙之前，絕不會問自己是否有動力想要刷牙。對你而言，這已經成了一個行之有年的習慣，你根本不需要想，就直接去做了，因為這件事已經成了你日常生活中的一部份，沒有商量的餘地。

你可以把你的大腦想成一座叢林。當你要採取某個行動時，你的大腦就必須在不同的區域之間，建立一套連結或開闢出一條路徑。當你長期固定重複採取某個行動（例如刷牙）時，這條路徑就成形了，變得平坦而寬廣，更容易通行，因此你的大腦無須經過太多的思索，就可以執行那樣的行動。

然而，當你開始採取一個新的行動時，就必須開闢出一條新的路徑。這需要花費很多的心思。如果你不常使用這條路徑，你每次做的時候都會很費力。每當你受到壓力時，你的大腦就會自動選擇比較輕鬆的路徑，也就是那條已經變得平坦而寬廣的路徑。但如果你經常重複那個新的行為，次數多了之後，就會養成一個新習慣，你做起來就會比較輕鬆。

要如何建立一個新習慣？以下有幾個訣竅：

- 事情愈不費力愈好，尤其在你不太想採取行動的時候。
- 要建立一個有助你做出那件事情的環境。剛開始時，你不能仰賴習慣。
- 必要時可以擬定明確的計畫，並設法提醒自己。
- 給自己一些短期和長期的獎賞。內在的獎賞效果比外在獎賞更好。比起獎盃，我們更需要的是向自己道賀，肯定自己已經走在正確的道路上。
- 釐清你要做出這個改變的原因以及它對你的重要性。你可以用本書當中的價值觀練習（請參見311頁）來幫助自己釐清。你要把這個改變視為你這個人的一部份，是你目前做事情的方式。

如何讓自己堅持下去

過去人們認為一個人之所以成功，是因為與生俱來的才能，但近幾年來，心理學方面的研究已經對這種看法提出質疑。事實上，研究顯示「毅力」（Duckworth et al., 2007）與「堅持」是我們能否成功的要素，尤其以後者更為重要（Crede et al., 2017）。但我們要如何培養自己的耐力，才能在遇到挫折時堅持不懈呢？

許多人都是在歷經千辛萬苦後才體認到：所謂「堅持」並不是指不斷地努力直到精

疲力盡為止。當我們努力追求長期目標時，必須學習如何在努力與休息之間達到平衡。我們不需要不停地努力，也不需要時時刻刻活力充沛、精神煥發。我們需要聆聽身體所發出的訊號，讓自己有時間休息，以便做好準備再度出發。

頂尖的運動員在兩節訓練課程之間可能會睡個午覺，職業歌手為了讓嗓子休息，也可能一連好幾天都不說話。同樣的道理，我們也必須體認：如果我們想要長期持續做一件事，在過程中就必須定期休息和充電。

不過，休息的方式不同，效果也不同。在認真努力了一段時間之後，我們需要片刻安靜（甚至是無聊）的時光。但如果我們用這些時間來清理郵件、瀏覽社群媒體或做些別的事，我們的身體和大腦就無法休息與充電。因此，下回你在會議中場休息時，與其伸手去拿手機藉此打發那十五分鐘的時間，何不乾脆走到戶外去呼吸新鮮的空氣，或者找個地方閉目養神？

除此之外，**我們在追求某個遠大目標的過程中，需要利用小小的獎賞來鼓勵自己**。如果我們能把一項困難的挑戰分解成幾個階段，並且在達成階段性目標時獎賞自己，我們的體內就會分泌出一些多巴胺，讓我們感到愉悅陶醉，受到激勵，因而期待下一次完成階段性任務之後的獎賞。如此一來，我們就會有動力繼續前進。多巴胺會讓我們得以想像，自己在完成艱鉅的任務後可能會有的感受，並激發我們做事的慾望和熱忱

（lieberman & Long，2019）。因此，如果你在追求目標的過程中，能給自己一些小小的獎賞，就能夠讓自己再度萌生達成最終目標的渴望，且更能堅持下去。

假設你正試著拉長自己的跑步距離。當你開始感到疲累的時候，可以告訴自己只要跑到眼前這條路的終點就可以了。一旦你跑到那裡，就要給自己一個精神獎勵，因為你正朝著目標前進。這樣的獎勵會促使你的大腦分泌多巴胺，並抑制正腎上腺素（一種會導致你放棄努力的荷爾蒙）的產生。如此一來你就會想要跑得更遠一些。這種做法和激勵性的自我對話不同，因為你是把注意力聚焦於一個明確的階段性目標。只要你達成這個目標，就代表你正在朝著自己的終極目標前進（Huberman, 2021）

因此，當你想要達成的目標感覺像是一座難以攀越的高山時，你不要仰頭看著頂峰，而是要縮小範圍，以攀登下一座山脊為目標，等到抵達那座山脊之後，你就會覺得自己已經取得了若干進展，然後就可以再度出發。

練習感恩

要想達到那些必須努力不懈才能達成的長期目標，練習感恩或許是一種很有效的方法。當你想著那些值得感恩的事物時，你就會得到一些內在的獎賞，使你得以繼續為自己的目標而努力。事實上，我們只要稍微改變說話的方式，就能讓自己產生感恩之心。

比方說，我們可以用「我得以（如何如何）……」來代替「我必須（如何如何）……」

誠如我先前所言，我們也可以用一種比較正式的方法來做感恩練習，那便是：找個地方坐下來，用紙筆寫下我們當天感恩的事項。這時我們的注意力就會轉移到那些值得感恩的事物上，使我們的情緒狀態因之改變。除此之外，當我們經常練習感恩時，就等於是在重複做一個動作。誠如我先前所言，我們重複一個動作的次數愈多，我們的大腦要執行這個動作時就愈不費力。每天練習感恩就像是在鍛鍊我們的心靈肌肉，讓我們在必要時，更有能力以一種對自己較為有益的方式思考。

事前的規劃

我們心理師在諮商時經常會和案主一起擬定因應危機的計畫。包括：如何在生死關頭維護自身安全、如何防止自己在情緒脆弱時，再度染上某種癮頭或放棄既定的目標等等。你可以用這種方式讓自己更能堅持原定的計畫。你要先思考自己希望做出什麼改變，然後寫下所有可能讓你悖離目標的障礙，接著再針對每一項障礙擬定一項行動計畫。包括：如何防止那些障礙讓你偏離軌道或放棄目標等等。總而言之，你要事先打造一個環境，讓你能夠毫不費力地做出符合自身的價值觀和目標的行動，而不致因為一時的情緒衝動而違反自己的目標。舉個例子，如果你希望每天早上都能準時起床，就要把鬧鐘放在房間外面，好讓你除了起床之外別無選擇。

如果你可以預先設想自己可能遇到哪些困難，並且擬定因應計畫。這樣一來，當你面臨誘惑或失去動力時，就會胸有成竹，知道自己該怎麼做了。

回歸自我

在努力改變的過程中，你的動力可能時強時弱。如果你能回歸自我認知，並想一想你希望自己成為一個什麼樣的人，那麼當你失去動力時，就會比較能夠堅持下去。比方說，如果你自認是很注重牙齒保健的人，那麼無論你是否想要，你都會每天拿起牙刷刷牙，因為這是你會做的事情。

我們的自我認知會受到早年生活經驗的影響，但這並不是固定不變的，因為**我們一生中所做的每一件事情，都會形塑並調整我們的自我認知。當我們的目標是要成為自己所希望成為的那種人，或認定自己就是那樣的人（如此更好）時，那麼即使在沒有什麼動力的情況下，我們仍然能夠根據那樣的目標行事。**

至於如何形塑你的自我認知，請參見第三十三章「釐清你的價值觀」。

工具箱

放眼未來，可以幫助你在當下做出更好的選擇

你可以花點時間想像自己的未來。當我們在腦海中清楚地看見了未來的自己時，就會比較容易在當下做出有益於未來的抉擇（Peters & Buchel, 2020）。

想一想，你在未來某個時間點的樣子。

想一想，當時的你對自己從前所做出的抉擇（包括你決定要做或不做的事），會有何感想。

那些選擇如何影響了你的人生？

你認為哪些選擇和行動讓你最引以為豪？

當時的你會在意哪些事情？

在回顧過往時，你對過去的那個自己有什麼感覺？

「辯證行為治療」中的利弊分析

「辯證行為治療」（Dialectical Behaviour Therapy，簡稱DBT）是一種心理療法。它能幫助人們尋找安全的方式來處理自己的強烈情緒。不過，這種療法所教授的技巧也可以用來處理日常生活中的許多問題。包括：我們沒有動力朝著目標前進的時候。以下是其中的一個技巧。

想像自己所要的未來固然有助於激發我們的動力，但思考我們所不想要的未來同樣也有幫助。心理師在療程中可能會請案主花些時間仔細考慮，「維持現狀」和「改變現狀」這兩種做法的利弊得失。你可以利用下面的表格自己做做看。在做這個練習時，你最好能誠實地列出維持現狀所必須付出的代價。儘管改變現狀勢必帶來一些壞處（例如：必須忍受改變過程中的苦惱與不適），但相較於維持現狀所必須付出的代價，這些壞處可能不算什麼。當我們想要放棄自己正在做的改變，或者已經偏離原定的方向時，不妨做做下面這個練習。

維持現狀	改變現狀
利	利
弊	弊

試試看

要讓自己變得更好，你需要做一些思考和努力。請你試著坐下來用紙筆寫下你對以下這些問題的答案。如果能把它們寫在日記上更好。這樣每當你正努力做出某個改變時，就可以回來重溫這些答案。

- 我目前正試著做出什麼重大的改變？
- 這個改變對我為何如此重要？
- 在面對這項挑戰時，我希望自己能成為一個什麼樣的人？
- 我要怎麼做，才能在以後回顧這個階段時（無論我努力的結果如何）感到自豪？
- 在這個過程中，我需要達成哪些階段性的目標？
- 當我沒什麼動力時，該怎麼辦？
- 我有沒有傾聽自己的身體所發出的訊號，並瞭解它的需求？

本章摘要

- 我們不能指望自己一直都充滿動力。
- 當我們生出某些渴望時，可以試著反其道而行，依照自己的價值觀行事，而非受到當下的感受驅使。
- 一個新的行為只要重複足夠多次就會變成習慣。
- 要達成遠大的目標，在努力的過程中一定要適時休息和充電。所有的頂尖運動員都明白這一點。
- 在努力改變的過程中，要給自己一些小小的獎賞。

9 重大改變從何處下手？

有時，我們到了生命某個時刻會意識到自己需要改變，也很清楚自己需要做出怎樣的改變。但大部分人的情況都不是這樣。許多人都是在經歷一段充滿壓力與不適的時期後，才意識到情況似乎不太對勁，但並不明白個中原因，也不知道該如何著手改善。

這正是你那奇妙的大腦發揮所長的時候。在第三章中，我們曾經談到「後設認知」這個概念。這意味著我們不僅能夠有意識地體驗這個世界，還有能力思考並評估那些體驗。這是我們心理師在做心理治療時所運用的一個很重要的技巧，也是我們要做出重大改變時必備的一個技能，因為我們無法改變自己不理解的事物。

據說愛因斯坦曾經表示：「如果我有一個鐘頭的時間可以用來解決一個問題。我會用五十五分鐘思考這個問題，然後用剩下的五分鐘思考解決問題的方式。」當我聽到許多人以為，心理治療就是坐在房間裡不斷地討論自己的問題時，經常會想起這句話。沒錯，在接受心理治療時，你確實必須思考自己的問題所在，但思考時要講求方法。要解決問題，最有效的方式就是透徹地理解問題所在。

當我們想要做出重大的改變時，該如何運用後設認知的概念呢？首先，你要回顧過往，設法瞭解問題所在。如果你正在接受治療或進行諮商，可以和你的治療師談論你經歷過的事，以便得到一些有用的提示，以幫助你瞭解其中的意涵。如果你並未接受治療或做諮商，不妨先試著把那些事情寫下來，但不需要寫很多，也不一定要讓別人看得懂。這樣做的目的是，讓你更能省思你經歷過的那些事情以及你當時的反應。舉例來說，如果你曾經在得知自己考試不及格之後，便不斷痛罵自己，認為自己永遠不會有出息，就可以運用後設認知，省思那些想法以及它們對你的行為所產生的影響。

這種方法可以讓我們更瞭解自我，並明白我們如何維持現狀或做出改變。我們將會發現：看似微不足道的行為可能會產生重大的影響。

然而，如果我們已經習慣粉飾太平而且不太注意細節，這類的書寫可能會讓我們覺得怪怪的。但久而久之，透過那些細節，我們就愈來愈能夠反思過去的經驗，並在事件當下覺察自己的行為模式。唯有如此，我們才有可能選擇另一種行為模式，做出我們想要的改變。

試試看

請運用以下提示來幫助你思考你想要處理的問題，並練習後設認知的技巧。

- 描述之前發生的某個重大事件。
- 當時你有何想法？
- 那些想法對你的感受有何影響？
- 描述你當時的情緒。
- 是什麼事情引發了那樣的情緒？
- 當時你有什麼衝動？
- 那樣的情緒讓你表現出什麼行為？
- 那種行為造成了什麼後果？

本章摘要

- 有時我們並不清楚自己需要做出何種改變以及如何改變。
- 你無法改變你不理解的事物。
- 如果徹底瞭解自己的問題所在，就比較容易看出下一步該怎麼做。
- 首先要在事件過後省思當時的情況。
- 要對自己誠實，承認問題之所以產生或你之所以無法改變，有一部份可能是你自己造成。
- 心理治療師可以在這方面給你一些幫助，但如果你無法接受治療，不妨以書寫的方式自我探索。

III

痛苦的情緒

10 壞情緒通通消失吧！

如果你接受過心理治療，剛開始時心理師一定會問你，想要在治療中達到什麼效果。大多數人都會說，他們想要消除那些痛苦或不愉快的情緒，重拾往日的愉悅或平靜。這是可以理解的，畢竟每一個人都希望自己能夠快樂。所以他們才會希望去除那些令人痛苦的情緒。

然而，治療的目的並不是去除那些令你痛苦的情緒，而是學習如何改變你對它們的態度，學會接納每一種情緒，覺察它們，看清它們本來的面目，並且採取行動來改變自己的情緒，減輕它們的強度。

情緒不是你的敵人，也不是你的朋友。你之所以有情緒，並非因為你的大腦有什麼問題，也不是因為你太過敏感。情緒是你的大腦試圖瞭解你的身體內外所發生的事，並解讀其中的意義時所衍生的產物。你的大腦會從你的感官和生理機能（例如：心跳、呼吸、荷爾蒙的分泌，以及免疫功能）接收有關你身體內外狀況的訊息，然後運用過去的感受加以解讀。因此你如果喝了太多咖啡，引發心悸現象，就有可能導致恐慌症發作，因為那種心跳很快、呼吸加速、手心冒汗的感覺，和你某次在超市裡恐慌症發作時的情況有些類似。由於那些感覺很像你在恐懼時所產生的反應，因此你的大腦便會認為情況不妙，產生了威脅反應（threat response）。

如果我們早上一醒來，就能決定自己當天的感受（例如：愛、興奮、喜悅等等），那該有多好呢？可惜事情沒這麼簡單。也有人認為：情緒是自然產生的，毫無來由。我們會有什麼情緒、什麼時候會產生這些情緒，都不是我們能夠控制的，因此我們只能試著加以抗拒或排斥，做一個理性的人。但這也不是事實。我們雖然不能製造出任何一種情緒，但對自己的情緒狀態的影響力，卻遠比我們所想像得更大。這並不代表如果你心情不好就是你的錯，而是意味著：我們可以學習許多方法創造不同的情緒經驗，為自己的快樂負起責任。

對待情緒的禁忌

不要抗拒

想像此刻你正置身於一座海灘上。當你走進那深及胸膛的海水中，海浪為了要沖到岸邊，就必須越過你。如果你試著阻擋它們，不讓它們流到岸邊，就會發現它們的力道有多大。它們會把你往後推，然後很快地將你淹沒。但你不需要對抗那些海浪，因為它們無論如何還是會打過來。如果你接受了這個事實，就可以設法在海浪湧來時把頭部保持在水面上。這時你雖然還是會感受到它們的力道，甚至可能有一會兒雙腳站不穩，但你可以隨著海水移動，並且努力站穩腳跟。

面對情緒就如同站在海浪中。如果我們試著抗拒，很容易被它們沖倒，陷入險境，要努力掙扎，讓自己得以喘息，並設法掙脫它們。但如果我們任由它們漫過，它們在到達高峰後自然就會下降。

不要相信它們代表事實

情緒是真實的，而且有其來由，但它並不代表事實，而是我們對事物的揣測與看法。情緒是我們的大腦為了理解這個世界、讓我們得以生存並滿足自身的需求，所做的一種嘗試。你的感受並不代表事實，想法也是如此。這是認知行為療法這類治療，對許多人如此有效的原因之一。這種療法可以讓我們練習和自己的想法與感受保持距離，看清它們的本質，知道它們只不過是我們看待事情的角度罷了。

如果我們知道自己的想法和感受並不代表事實，卻讓我們感到痛苦，自然就應該加以檢視，看它們是否真的反映現實的情況，或者我們是否可以採取對我們更有益處的想

法與感受。如果我們將自己當下的想法和情緒視為事實，它們就會影響我們未來的想法與行動，讓我們產生一連串的情緒反應，無法做出明智的選擇。

要如何才能不把想法當成事實呢？有一個方法就是「提出問題」。在心理治療時，我經常請案主對自己的內在和外在經驗抱持著一種好奇的心態。當他們坐在我對面，開始講述他們那個星期搞砸了哪些事情，並一如往常批評自己、厭惡自己時，我就會請他們採取一種超然觀點，看看那些行為是否真如他們所說的那般不堪，並請他們抱著好奇的心態觀看，不需要自我抨擊。如此一來，無論他們那個星期過得好不好，都得從那些經驗中學習與成長。

承認自己的錯誤可能是一件非常痛苦的事，但如果我們能抱持著好奇的心態，就能檢視這些錯誤並從中學習，懷著希望、充滿活力地面對未來。這樣一來，無論發生什麼事情，我們都能從中學習。

工具箱

檢視你的應對策略

- 當你有令你不舒服的情緒時，最先出現的跡象是什麼？
- 是某一種行為嗎？你是否為了抗拒那種情緒或保護自己，而做出了某些行為？
- 你身體上哪一個部位感受到了那種情緒？
- 你有什麼想法？對於當時的情況，你有哪些看法？那種看法對你有何影響？
- 請試著把那些想法寫下來。
- 你可以從中看出自己在害怕什麼嗎？
- 你在產生了某種強烈的情緒之後，往往會表現出哪些行為？
- 這些行為在短期內是否對你有幫助？
- 它們造成了哪些長期性的影響？
- 你可以向你信任的某個朋友訴說你的想法，請他們幫你看看其中是否有任何偏見或誤會，並且和他們討論你可以採取哪些不一樣的觀點。

本章摘要

- 情緒既不是你的敵人，也不是你的朋友。
- 我們對自己的情緒狀態的影響力比我們所想像得更大。
- 如果我們排斥自己的情緒，可能會製造更多問題，還不如任由它自然生滅。
- 情緒不代表事實，只是我們所持的一個觀點。
- 如果你有令你痛苦的情緒，要抱持著好奇的心態問自己一些問題，看看你能得到什麼答案。

11 如何處理情緒

如果你一打開本書就直接跳到這一章，或許是想尋求答案，看看有沒有方法可以消除那些令人難受的情緒。果真如此，我要請你稍微忍耐一下，先不要把書本闔上，因為我接下來要說的話，可能和你所期待聽到的正好相反。

在接受心理師臨床訓練時，我們曾上過一堂有關正念的課。或許你覺得那會是一群受訓的臨床心理師虛心的坐在那兒耐心學習，但事實上講師要我們靜靜地坐在那兒覺察自己的感受時，房間裡一片竊笑聲。由於臨床訓練講究的是「行動」，是如何把事情做好，因此我們這些心理師都處於「行動模式」（doing mode），因此要我們進入「存在模式」還挺難的，讓那位講師很不高興。我必須承認，上那堂課時，我心裡頗不以為然，認為我這輩子應該不會用到這個，也不會教給別人。

不過，由於那是訓練課程的一部份，我不得不試著做做看。後來，我的課業愈來愈重，壓力愈來愈大。到了要考試時，我除了要寫論文之外，還得準備考試，整個人處於很緊繃的狀態。當時我最喜歡的減壓方法之一就是去跑步。我會離開書桌，到附近的鄉間去跑步，但腦海裡還是一直想著自己該做的事，擔心自己無法把事情做完、做好。於是，我便試著一邊跑步一邊做正念練習。

我會沿著樹林裡的一條長長的石子路往前跑，一邊聽著雙腳踢到地上的石子的聲音，感受自己的焦慮與緊張，不抗拒那些情緒，也不做任何計畫或試著解決問題。我發現每隔幾秒鐘，我的心思就會飄到別的地方去，想著自己該做的事，擔心萬一趕不上提交論文的期限，或作業沒寫好時該怎麼辦，甚至還提醒自己回家後要記得把一封電子郵件寄出去。但每次這些念頭浮現時，我就只是看著它們，任由它們來來去去，自行消失，並且把自己的注意力重新拉回雙腳踢石子的聲音。像這樣「分心、把注意力拉回來，分心，把注意力拉回來」的過程，我來來回回想必經歷了上千次。在回家的路上，我跑到石子路的盡頭時，突然意識到這正是那些有關正念文章試圖要告訴我的。在做了這樣的練習之後，儘管我所面臨的問題仍然存在，但因為我並未排斥自己的緊張情緒，而是任由它來去，後來它果然就真的消失了。

乍看之下，「接納所有情緒經驗」這樣的概念幾乎令人感到驚駭，因為它和大多數人所學到的正好相反。我們從小就被教導：感覺和理性是對立的，我們應該壓抑、隱藏自己的感受，把它放在心裡，不要說出來，怎麼可以任由它們氾濫，甚至欣然接受？

許多人都很害怕情緒，一旦他們允許自己體驗這些情緒，並瞭解它們就像海浪一樣來來去去、起起落落，他們就不再如此害怕了。

在做正念練習時，我們便得以運用「覺察」這個工具來體會。「覺察」二字聽起來沒什麼，而且頗為含糊，但我們用了之後就會明白它是我們所需要的一項工具。如果我們能關閉「自動駕駛」模式，並試著覺察自己的想法、情緒、渴望與行動，就能在被自己的衝動或情緒所驅使、盲目行事之前，先暫停一下，讓自己有時間根據自身價值觀做出不同的選擇，而不致意氣用事。

一個藝術家在描繪一幅大型畫作的細部時，一定會偶爾後退一步，看看他所畫的是否符合他想要營造的整體效果。「後設認知」也是這樣的概念。它能讓你在情緒湧現但尚未採取行動時暫停一下，後退一步（哪怕只有一下下），思考一下那些想法和行動，看看它們是否能讓你成為你想成為的那種人。如果我們具備這樣的能力，我們的人生有可能變得大不相同。

當念頭如潮水般不斷湧來時，我們可以把頭伸出水面，看看那些念頭和自己想要前往的方向是否一致，並根據自身所認定的意義和目標來考慮採取何種行動，而非任由自己隨波逐流。

認清情緒的本質

如果我們想以健康的方式處理情緒，就必須看清它們的本質。**你不是你的情緒，你的情緒也不代表你。它只是你心中產生的一種感覺。每一種情緒都可以提供你若干訊息，但這些訊息並不盡然是事實。**情緒的有益之處在於：它能讓我們明白自己需要什麼。當我們允許自己去感受情緒，而不加以防堵或排斥時，就能帶著好奇心去面對它，並從中學習。

如果我們在明白自己的需要之後能夠採取必要的行動，去滿足那些需求，那就更加可貴了。在我看來，要採取行動，最好先從身體方面下手。我在前面幾章已經提過，無論我們接受多少治療或運用多少心理技巧，都無法翻轉睡眠不足、營養不均衡或缺乏運動，對我們造成的傷害。一旦我們開始照顧自己的身體，其他的問題就比較好解決了。

精準的描述自己的情緒

當你心中產生某種感受時，不妨給它一個名稱。你可以設法學習各種不同情緒的名稱，因為我們除了快樂、悲傷、害怕或生氣之外，還有其他許多不同的情緒。例如：脆弱、羞愧、苦澀、怨恨、感恩、自卑和興奮等等。

心理師在做治療時，往往會花許多時間指導案主覺察自己的情緒、注意他們的身體，有哪個部位感受到這種情緒並給它一個名稱。人們往往能夠辨識自己身體的感受，卻不明白那是怎樣的一種情緒。或許這是因為我們從小就被教導不要談論自己的情緒。既然我們從不曾將它們說出口，自然不需要知道每種情緒的名稱。但我們卻能夠說出它在我們的身體上造成的感受。這是因為我們寧可告訴別人我們心跳得很快、感覺不太舒服，也不願意說我們感到很脆弱、沒有安全感。

如果你能擴充自己的情緒字彙，並精細地區分各種情緒之間的不同，就會比較能夠管理自己的情緒，並且在社交情境中選擇對自己最有益的方式做出反應（Kashdan et al., 2015）。

設法自我安慰

不抗拒令人難受的情緒、任由它來來去去、自然消逝。這說起來很容易，但是當情緒很強烈時，可能會讓我們感到極其痛苦，難以忍受，甚至產生強烈的衝動，想去做一些不健康、甚至很危險的事，以求早點得到解脫。

有些心理自助書籍會告訴你：只要你正面思考，就可以改變自己的感受，但在我看來，這是一件非常困難的事。即便是在心情不錯的時候，我們都很難改變自己的想法。

要在極其痛苦的時候讓自己轉念，就更不可能了。當我們感覺自己已經無法承受某種情緒所帶來的痛苦時，最好的辦法就是「後退一步」，儘可能覺察它，明白它只是一個短暫的經驗，遲早都會過去，並設法自我安慰，以免自己產生太大的威脅反應。

心理師在進行「辯證行為療法」（Bialectical Behaviour Therapy，簡稱DBT）時，會教案主當他們感受到痛苦的情緒時，如何用一些簡單的方法撫慰自己，幫助自己渡過驚濤駭浪，直到情緒平復為止。這些方法被稱為「痛苦耐受度技巧」（distress tolerance skills）。其中之一，便是所謂的「自我安慰」（Linehan, 1993）。

「自我安慰」指的是，所有在你感受痛苦的情緒時，可以讓你產生安全感並得到撫慰的行為。當你的威脅反應被啟動時，你的大腦所接收到的訊息就是：「我們有危險了！情況不妙！要趕緊處理！」如果我們不想讓那種情緒繼續增強，希望它逐漸平復，就需要提供新的訊息給我們的身體和大腦，讓它們知道我們很安全。要做到這一點，方法很多。由於大腦會接收來自所有感官的訊息，這意味著你可以運用各種感官發送訊息給你的大腦，讓它知道你很安全。

此外，你的大腦也會接收到來自你生理狀態的訊息。包括：你的心跳速度、呼吸速率，以及肌肉緊張度等等。因此，凡是能夠讓你的肌肉放鬆的感官經驗（例如洗個熱水澡），都能有效幫助你忍耐痛苦的情緒。

其他自我安慰的方法，包括：

- 喝杯溫熱的飲料
- 和你能信賴的朋友或喜愛的人聊天
- 肢體活動
- 聆聽令人平靜的音樂
- 欣賞美麗的圖像
- 將呼吸放慢
- 練習放鬆
- 嗅聞讓你感到安全、舒適的氣味或香水

要告訴你的大腦你很安全，最快的方式之一便是透過你的嗅覺。如果你能找到一種讓你感到安全舒適的氣味（例如：你心愛的人用過的香水，或能讓你平靜下來的某種薰衣草的氣味），你的心神或許比較能夠集中，身體也比較放鬆。當你置身公共場合，感到很難受的時候，不妨使用我們在心理治療時常用的一個方法：把一個柔軟的布玩具小心的拆開，在裡面塞滿薰衣草後，再次縫合。每當你在人群間感覺自己快被情緒淹沒時，就可以拿出來嗅聞，讓自己能夠在沒人注意到的情況下得到一些撫慰。

心理師在運用「辯證行為療法」時，經常會使用到一個工具：一個事先準備的「自我安慰盒」。這是一個很棒的方法，因為一般來說，當我們受到生存威脅時，根本沒時間思考，所以當你情緒很滿，感覺非常痛苦時，你的大腦就會自動跳過解決問題的機制，盡快為你做出判斷，並且衝動行事。所謂的「自我安慰盒」，就是在你有能力好好思考時，先想一想當你感到很痛苦時，哪些東西對你最有幫助，並事先做好準備。你可以拿一個舊鞋盒，在裡面放滿所有可能讓你感到安慰的東西。只要能讓你感到舒服自在、有安全感的東西都可以放進去。我在我的診療室裡就放了一個這樣的盒子，給案主當作樣本。盒子裡面有一張字條，提醒我要打電話給某個朋友。這是因為人與人之間的連結，能夠幫助我們更快從壓力中復原（這點已經在前面幾章討論過），但我們在情緒低落時，可能不會立刻想到要尋求協助，所以如果我們能夠準備這樣一張字條，提醒自己打電話給某個信得過的朋友，就能幫助自己往正確的方向前進。除了這樣的字條之外，我在我的「自我安慰盒」裡，還放了一枝筆和一本便條紙。這是因為當我們不想說話時，可以用寫的。研究顯示，「表達性書寫」（expressive writing）有助於我們處理自己的情緒，並理解當下所發生的事。

除此之外，你也可以在盒子裡放一瓶薰衣草精油（或任何讓你感到舒服的氣味）、幾張關心你、你也很在意的人的照片，以及一張你精心挑選過的、能夠在你痛苦時，舒緩並提振你的情緒的樂曲清單。這些音樂有可能會對你的情緒狀態產生很大的影響。

我的「自我安慰盒」裡還放了一個茶包，因為我們英國人想到喝茶這件事，總是會想到舒適的氣氛，以及人與人之間的連結。如果你能在你的「自我安慰盒」裡放上這一類東西，當你感到很痛苦，想不清自己究竟需要什麼的時候，就能得到一些明確的指引。

最重要的是，你要把這個盒子放在一個很容易找得到的地方。它的作用是讓你在很難受的時候，比較容易以自己想要的方式來因應，而不致因為脆弱的緣故，回到從前那些比較不健康的行為模式。

本章摘要

- 你不是你的感受，你的感受也不能代表你。
- 情緒是你內在的一種體驗。
- 每一種情緒都可以提供你一些訊息，但那些訊息並不盡然正確。
- 情緒的功用是讓我們能夠瞭解自己的需求。
- 當你有某種情緒時，要試著說出它的名稱。除了快樂和悲傷之外，你可以試著辨識其他的情緒。
- 允許自己有情緒。感到難受時要設法安慰自己，不要試圖壓抑情緒。

12 語言的力量

我們所使用的語言可能會對我們的感受造成很大的影響。語言是我們的工具。我們藉著語言理解事物、將感受分類、從過去的經驗中學習、分享我們從經驗中得來的知識，並預測、規劃未來。

有些描述情緒的字眼已經愈來愈常被人們用來指稱幾種不同的心情，以致於它們的意義變得廣泛而模糊。舉例來說，「快樂」這個字眼已經被用來統稱所有正向的感受，以致於現在已經沒有人真正瞭解，自己所感受到的情緒是否就是「快樂」了。如果我滿懷熱情，是否就叫快樂？如果我覺得平靜而滿足，算不算快樂？如果我覺得自己受到了激勵，充滿活力，這樣也叫快樂嗎？

像「憂鬱」這樣的字眼也是一樣。到底怎樣才叫憂鬱？是悲傷？是空虛？是躁動？是麻木？是侷促？是坐立不安？還是對什麼事情都不感興趣？

區分這些感受有這麼重要嗎？事實證明，確實重要。

研究顯示，如果人們用來區分不同的負面情緒的概念或字眼較少，他們在遭遇壓力事件後，比較容易出現憂鬱的現象（Starr et al., 2020）。那些能夠辨識不同的負面情緒的人在遇到問題時，反應往往比較有彈性。例如：他們在遇到壓力時比較不會酗酒，遭受拒絕時反應不會那麼強烈，也比較不會出現焦慮和憂鬱的症狀（Kashdan et al., 2015）。這並不代表他們的問題，是因為難以辨識負面情緒所造成，而是意味著：我們有一個很有效的工具，可以幫助自己渡過難關。

你能用來形容不同感受的字眼愈多，你的大腦在解讀各種感受與情緒時就有愈多的選擇。如果你能用一個比較精確的字眼來形容某種情緒，就比較能夠加以管理，你的身心也比較不會承受那麼多的壓力。如果你想以更有彈性、更有效的方式，應付自己所面臨的挑戰，這將是一個不可或缺的工具（Feldman Barrett, 2017）。

所幸，這是我們能夠不斷提升的一種技巧。

如果你想擴充你的情緒字彙，可以參考以下這幾種方法。

- 明確表達。當你心裡有某種情緒時，不要光說：「我覺得好極了。」或「我不快樂。」之類的話，而要試著以其他的辭彙來表達。想想看，你還可以用哪些字眼來描述這種情緒呢？裡面是不是包含了幾種不同的感受？你的身體有什麼感覺？

- 有時候一個字眼可能不足以完整表達某種情緒。裡面是不是摻雜了不同的感受？比方說，「我感覺既緊張又興奮。」
- 用來描述情緒的字眼沒有對錯可言。關鍵在於，你要找到一個你自己和你周遭的人，都能瞭解的字眼。如果找不到，可以自行創造，或者從其他語言中尋找一些無法精準翻譯的字眼。
- 嘗試新的經驗（包括：品嚐沒吃過的食物、和陌生人見面、讀些新書，或探訪某個從未去過的地方等等），並試著用幾個不同的方式來描述那些經驗。每個新的經驗，都讓我們有機會從另一個角度來看待事情。
- 如果你想增進自己描述新經驗的能力，不妨把握每一個機會，學習可以用來描述情緒的新字眼。除了書本之外，你也可以從音樂、電影以及其他領域，學習到這類字眼。
- 將你的經驗寫下來，並設法描述你的感受。如果你經常不知道該用什麼字眼描述自己的感受，不妨使用「感受輪」（Feeling Wheel，Willcox, 1982）來擴充你的情緒字彙。這是一個很棒的資源，經常被心理師用來幫助案主表達感受。你可以在日誌的封裡貼上一張，用它來尋找能夠更確切地表達你的感受的字眼，也可以在空白處寫下你在別的地方學到的字眼。

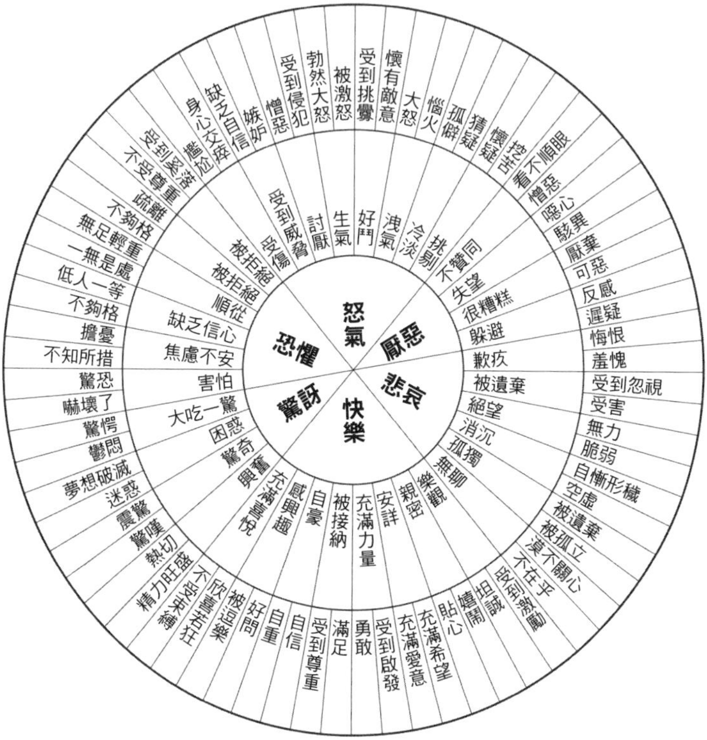

圖（七）：用感受輪（Feeling Wheel）來尋找能夠確切描述你感受的字眼。

不只關注負面情緒

撰寫日誌是一個很有用的方法，可以幫助你消化並瞭解你的經驗和情緒。但在撰寫日誌時，除了困難的經驗外，也務必要記錄正向的經驗。包括：各種小確幸。這是因為你在採取每一個行動時，你的大腦都會進行特定的神經活動。如果你一再重複這種活動，就能強化那個神經通路，使你的大腦更容易進入那個模式。因此，如果你希望自己更容易產生正向的情緒、想法和回憶，就要透過撰寫日誌的方式來練習。如果你能經常用這種方式培養某些感受，將來就會更容易產生那樣的感受。

本章摘要

- 我們所使用的語言對我們的感受有很大的影響。
- 你能用來描述感受的字彙愈多愈好。
- 如果你無法描述自己的感受，可以參考像「感受輪」這樣的圖表。
- 你可以注意別人用來描述感受的字眼，並藉著閱讀和其他方式擴充自己的情緒字彙。

13 如何幫助別人

當你所愛的人有了心理健康方面的問題，而你正試著幫助他們時，很可能會有一種無能為力的感覺。你不知道該如何解決問題，甚至不確定該說些什麼。你想讓他們恢復正常，卻做不到，因此你很茫然，雖然想幫助他們卻又不知該如何下手。

當我們所愛的人在受苦時，有時會對我們造成一些壓力，使我們想要躲得遠遠的，不想面對那種痛苦。但如果我們真的這麼做，那種無力感就會愈發深重。事實上，只要我們能設法給他們一點點幫助，就有可能會增強自己助人的信心。

至於要如何幫助有心理問題的人，並沒有一定的規則，不過如果我們能注意以下幾點，可能會比較好。

1. 當我們一心想要幫對方解決問題時，很容易會低估陪伴的效果。大多數人其實並不希望別人告訴他們該怎麼做，卻很希望有人能經常來探視他們，並且關心他們是否安好。

2. 如果你所愛的人得了某種心理疾病，你不妨試著瞭解這種疾病對他們所造成的影響，並向相關的專家請教，以明白他們所面對的挑戰。

3. 不要忘記：他們知道自己需要什麼。因此，你不妨問他們希望你如何幫助他們。這樣你就比較知道自己該怎麼做，同時也能讓對方明白，你確實有把他們所說的話聽進去。

4. 照顧別人這件事可能會對你造成一些壓力。如果你的心理健康因此受到了影響，你就無法提供你所能給予的最好的幫助了。因此，你務必要照顧自己的健康，並密切注意自己在睡眠、營養、運動、日常活動以及人際關係等，方面的狀況。

5. 你要建立自己的支持系統。最好能找一個你信得過的人，或某個支持團體或專業人士，讓你能有一個安全的對象可以傾吐你的感受並思考下一步該怎麼做。這樣你才不會把自己搞得精疲力竭。

6. 劃定界限。幫助別人並不意味著你自己的生活就不重要。如果你能釐清自己的價值觀，當情況變得很棘手時，你才撐得下去，也才能確保你的生活不致失去平衡。

7. 擬定緊急應變計畫。如果你正在幫助的那個人有可能做出什麼危險的事，你一定要擬定一個緊急應變計畫。這個計畫不一定要很複雜。只要先想好有哪些跡象可能顯示對方的情況已經惡化，並列出你們兩人能做些什麼，來確保大家的安全就可以了。如果你能事先把應變計畫寫下來，並附上你在那種情況下需要打的所有電話號碼，到了危機發生時，你就會比較容易做你該做的事。

8. 只要你能帶著同情、善意與好奇心聆聽對方說話，就會對他很有幫助。儘管這樣做並無法解決什麼問題，但你會讓對方感受到你的關懷，使他覺得自己沒有那麼孤獨，如此一來他就更有可能康復。社會支持具有很大的力量。但所謂「支持」，並不代表你要幫忙解決問題，只要讓對方感受到你的善意就可以了。

9. 支持某人並不代表你必須經常和他談話。事實上，只要一丁點的人際連結就可以產生效果。如果對方不習慣敞開心房、傾吐心事，你可以和他們邊走邊聊，也可以什麼話都不說。只要你陪在他們身邊，就可以減輕他們的孤獨感，並使他們感受到你的關懷。

10. 如果你想幫助對方敞開心房，說出他們心中的痛苦，不妨問他們一些無法以「是」或「否」來回答的問題。舉例來說，與其問他們：「你還好嗎？」不如問：「你在想什麼？」

11. 細心的聆聽。除非他們問你，否則不要給他們任何勸告。只要把你所聽到的意思重複一遍，讓他們知道你把他們的話聽了進去、並且尊重他們就可以了。

12. 如果對方表示他們感到絕望無助、看不到出路，或者你擔心他們的人身安全，務必要尋求專家的協助。

13. 不要低估實質幫助的力量。當你所愛的人有了身心方面的問題、正處於生產前後的階段，或者因為失去親人而哀痛時，可能連日常事務都難以處理。這時，如果你能提供他們一些實質性的幫助，例如：煮些飯菜送過去，讓他們一個星期可以吃上幾餐比較健康的食物等等，就可以讓他們感受到你對他們的支持。

14. 要細心觀察對方在哪些情況下可能感到特別脆弱（如果你不知道，可以問他們）。這樣你就可以在必要時前去陪伴他們。舉例來說，當他們在喪親或喪偶後不久，首次一個人參加社交聚會時，請不要躲著他們。你要走到他們身邊，讓他們感受到你的關懷與善意。雖然他們在那樣的場合仍然會很不好受，但會覺得自己沒有那麼孤單。如此一來，他們的感受就會大不相同。

15. 你可以轉移話題。你在陪伴對方時，不一定要一直和他們談論他們的處境，有時也可以聊些別的話題，而且這樣做說不定可以轉移他們的注意力，讓他們感覺好過一些，而這是他們獨處時很難做到的。

16. 不要指望他們時候能夠痊癒或復原。療癒之路絕非一條康莊大道，也不是一條直線，一定是起起伏伏，時好時壞的。如果愛他們、陪伴著他們的人能接納這樣的情況，他們自己也會比較能夠接納。

17. 態度要坦誠。如果你想扶他們一把，卻不知道該如何下手，不妨直接說出來。你可以告訴他們：如果他們覺得你所說的話或所做的事對他們沒有幫助，一定要讓你知道。這種坦率的態度會讓你們兩人都不致於太過焦慮，並且有助你們建立真正的連結。

本章摘要

- 在幫助一個有心理問題的人時，難免偶爾會有不知所措、力不從心的感覺，因為你想幫忙對方解決問題，卻不知道從何處下手。
- 當你試著幫助某個受苦的人時，可能會覺得壓力很大，因為你很怕說錯話。但無論如何你都不能因此而避開他們。
- 你不需要替別人解決所有問題，就可以給他們很大的幫助。
- 在照顧別人時，你也要好好照顧自己，免得把自己搞得精疲力竭。你要建立自己的支持系統，並劃定清楚的界限。
- 絕對不要低估傾聽的力量。

IV

論喪慟

14 認識喪慟

我們往往認為所謂喪慟（grief）是因心愛的人死亡所導致。但是當我們遭受重大的失落時，也可能會出現喪慟反應，即使那些失落並非由死亡造成。

我們正經歷的這場疫情改變了我們的生命。這段期間，有人失去了家人或朋友，有人丟掉了工作、無法維生，有人不得不結束代代經營的家族企業，有人失去了財務安全，有人無法陪伴病危的親人，還有人無法擁抱心愛的人並和他們共度寶貴的時光。我們對未來不再有確定感，在茫然無措時也得不到社會支持。這類重大的失落改變了這個世界，使得許多人都出現了喪慟的現象。

如果你也曾經歷重大的失落，請記住以下這幾點。

喪慟反應是正常現象

我見過許多人因為無法走出喪慟而覺得自己是個失敗者，認為這是因為他們自己性格太過軟弱的緣故。他們彷彿把喪慟當成了一種疾病或者一個應該可以解決的問題。但事實上，**喪慟是人類經驗中一個很正常的現象。當我們失去了我們所愛、所需、或與我們有某種連結，而且在我們的生命中具有意義的某個人或某件事物時，都會經歷這樣一個過程。**

喪慟可能包含了哀傷的情緒，但除了哀傷之外，可能包括其他許多，例如：對某個已逝者的殷切思念。這是因為人與人之間的連結，是人類的核心需求。我在從事心理諮商工作期間所輔導過的人，普遍都認為人際連結他們的生命中最有意義的一部份。儘管這樣的連結因為死亡而告終，但他們仍然渴盼那種連結。

喪慟也會導致你的身體出現一些反應。正如我們在先前幾章所言，我們的所有想法和感受都會反映在身體上。喪慟也是如此。當你失去了某個心愛的人時，你的身心都會感受到巨大的威脅。除了情緒上的痛苦之外，你的身體可能也會感到不適。這是一種壓力反應，而且它會反覆發作。

在談到哪些做法可以幫助我們渡過喪慟期時，我們要先說明所謂的「幫助」指的是什麼。它指的並非讓我們的痛苦消失、使我們忘卻逝者或強迫我們放下，而是認清自己那種情緒劇烈起伏的現象是正常的，並設法以安全和健康的方式忍受並化解那些痛苦。

喪慟的情緒可能令人難以承受，於是我們會試著加以抗拒。這是人類的正常反應。由於那樣的痛苦太過劇烈，而且如潮水般洶湧而來令人害怕，我們便會盡量將它壓抑下來。然而，當我們壓抑一種情緒時，其他情緒往往也會出不來。這時，我們便會感到空虛、麻木，覺得人生沒有意義，而且認為自己可能永遠無法恢復往日的生活。

如果我們刻意讓自己非常忙碌、用酒精麻痺自己或否認現實等方式，把痛苦埋藏在內心深處，可能會覺得自己好像沒事了，但之後這些痛苦很可能因為某件微不足道的小事而突然爆發，讓我們大為震驚，並開始懷疑自己是否永遠走不出來。

喪慟的情緒如果沒有化解，可能會使人罹患憂鬱症、出現自殺的念頭，或染上酒癮（Zisook & Lyons, 1990）。因此，儘管否認並壓抑自己的喪慟感受，看起來像是在保護自己，但事實上，就長期而言，效果可能正好相反。

這話說來輕鬆，但實際面對喪慟卻是一件極其艱難的事。我們之所以想要壓抑它是有道理的，因為那樣的悲痛就像海洋般深沉遼闊、巨大沉重而且似乎永無止盡。那麼，我們要如何面對呢？首先，我們可以先瞭解自己可能會有的情況，並設法瞭解有哪些方法可以幫助我們渡過這段喪慟期，然後遇到情況再逐一克服。我們可以先大步跨入情緒的海洋，允許自己去感受那種痛苦，然後深吸一口氣，退回原地，休息一會兒。久而久之，我們就可以再往前幾步，進入更深的水域，沉浸其中，但明白自己必然能夠安全地回到岸上。儘管讓自己去感受那些痛楚並無法讓痛楚消失，但我們會變得愈來愈有力量，並且明白我們雖然還是會感受到那種痛楚，但有能力回歸正常的生活。

本章摘要

- 某些你覺得有意義的事物結束時，你可能也會出現喪慟反應，即使它們之所以結束，並非由死亡所造成。
- 生而為人，會有喪慟反應是正常而自然的現象。
- 那種痛苦可能表現在情緒與身體上。
- 有些方法可以幫助你渡過喪慟期，但不會讓痛苦消失或強迫你放下。
- 如果我們徹底壓抑自己的喪慟情緒，可能會造成一些後遺症。

15 喪慟的各個階段

你或許聽過伊麗莎白・庫伯勒—羅斯（Elisabeth Kubler-Ross, 1969）所提出的喪慟五階段。不過，後來的研究發現：這五種反應並不是分階段表現出來的，也沒有特定的次序或時間。但它們確實是人們正常而健康的喪慟反應中最常見的幾個現象。請務必記住：這並不代表你的喪慟反應一定是這個樣子，也不代表這是渡過喪慟期最好的方式。它們只不過是描述你在喪慟期可能會有的一些現象。因此，如果你發現你自己或你所愛的人有其中任何一種現象，那都是很正常的。

否認

否認現實能讓我們在失去心愛的人時不致於痛苦崩潰，但這並不表示我們完全無視已經發生的事實。無論你是否願意，你可能還是會逐漸瞭解並接受真實的情況。久而久之，你就不會再否認事實。然後，你就可能產生新的情緒。

憤怒

憤怒之下往往隱藏著強烈的痛苦或恐懼。如果我們允許自己真正感受這股憤怒，並將它表達出來，隱藏在底下的其他情緒就會浮現，使我們得以設法處理。但許多人從小就學到生氣是一件不好的事，因此不好意思將自己的怒氣表達出來，於是強自隱忍，但這樣做就像把空氣灌進水底，遲早會像泡泡一樣在別的時間或場合冒出來，使你莫名其妙地對著你的朋友、醫生或家人大發脾氣。

怒氣的作用在於讓我們在生理上處於亢奮狀態，以驅使我們採取行動，做出某些事情。當我們因為某件自己無法控制的事情而發怒時，不妨做一些肢體活動來發洩怒氣。這樣可以幫助我們消耗怒氣所產生的能量，讓自己恢復正常。一旦你的身體平靜下來，你就比較能夠運用必要的認知功能釐清自己的想法和感受，或思考自己該如何解決問題。你不妨找個信得過的朋友或能夠支持你的親人或愛人，和他們談一談，或把你的想法寫下來。研究顯示，一個人如果獨自生著悶氣，有可能變得更加憤怒，也更具攻擊性（Bushman, 2002）。

如果你沒有利用肢體活動來發洩怒氣，讓自己平靜下來，可能很難進行任何一種形式的深度放鬆練習。一旦你用最適合自己的方式表達出怒氣，就可以嘗試進行引導式的放鬆練習，讓自己的身體和心靈能在下一波怒氣湧現之前，休養生息。

討價還價

我們有可能只是在某個剎那浮現這種念頭，但也有可能會一連好幾個小時甚至好幾天都在想：「要是……會怎樣呢？」或者「但願……」這種想法很容易讓我們把事情怪罪在自己身上，心想要是當初自己做了不同的選擇，情況會不會變得不一樣。我們可能也會和上帝（如果我們相信上帝的話）或宇宙討價還價，或向神明承諾從今起要改變作風並努力行善，只求一切能夠恢復原狀。

抑鬱

這裡的「沮喪」指的是，在痛失心愛之人後所感到的深沉的失落、極度的哀傷與空虛。這是人在失去所愛後的正常反應，不一定是一種心理疾病。我們在經歷了某個令人沮喪的情況後，難免感到抑鬱。這種情況有時可能會讓我們身邊的人感到害怕，而想要幫助我們或療癒我們。有些人則希望我們能立刻振作起來。

如果我們能夠認清這是健康的喪慟反應中很正常的一個現象，就能試著在痛苦中尋求一些安慰，努力回歸正常的生活，並且好好照顧自己。我們在本章第一節中談到的概念和方法，同樣適用於這種情況。但我們同樣不必否認、壓抑或隱藏自己心中的痛苦，原因我稍後會做說明。

接納

在喪慟的情緒中渡過一段時間之後，我們會開始感覺自己比較有能力往前邁進，並且重新以積極的態度生活。有人可能會誤以為，所謂「接納」代表認可現狀或喜歡現狀。但事實並非如此。接納現狀並不代表我們認為現狀是好的或是我們所想要的。但我們會開始接受現實，聆聽自己內心的需求，願意嘗試新的經驗並且與人建立連結。

在此必須指出：接納現狀並不代表你的喪慟期已經結束。你可能只是偶爾接受了現實，有時還是會回到「討價還價」的階段，渴望逝者能回到你身邊。這類反反覆覆的情況是正常的，而且可能會出現在你面臨新的挑戰和局面。偶爾你心裡會湧現滿足或喜悅的情緒，感覺自己似乎已經沒事了，但之後卻再度被憤怒、悲傷或其他情緒所淹沒。但這並不代表你退步了，也不代表你哪裡做得不對。喪慟的情緒原本就有如洪流，我們不知道它何時會湧來。

本章摘要

- 否認事實能幫助我們不致被喪慟的洪流所淹沒。當我們不再否認事實時，其他的情緒就會開始浮現。
- 當我們為了自己無法掌控的事情而感到憤怒時，不妨利用肢體活動來發洩心中的怒氣，讓自己的身體暫時回復到靜的狀態。
- 如果我們反覆想著：「要是……會怎樣？」很容易就會把事情怪罪到自己身上。
- 失去心愛的人之後出現抑鬱寡歡的現象是很正常的反應。
- 接納現狀並不等同喜歡現狀或認可現狀。

16 哀悼逝者

那麼，我們該如何渡過心愛之人過世後，這段傷心難過、茫然無措而且往往混亂失序的喪慟期？

威廉·華爾頓（William Worden，2011）認為在喪慟期間，我們可以做四件事：

1. 設法接受心愛之人已經離世的事實。
2. 設法處理自己的喪慟情緒。
3. 設法適應心愛之人已經不在的環境。
4. 設法以新的方式與逝者保持連結，同時過好現在的生活。

人們在失去心愛的人之後，面對喪慟的方式各不相同。有人會沉浸在痛苦和其他各種情緒中，有人會盡量轉移自己的注意力，以免被那些排山倒海而來的情緒所淹沒。兩者都沒有錯。事實上，兩者都有其必要。我們無法馬上就走出喪慟，也無法長期承受如此深重的痛苦，而不讓自己喘口氣。然而，我們若不允許自己去感受那種痛苦，就無法走出喪慟。因此，我們要做的是：**有時允許自己去感受那種痛苦，有時則去做一些能安慰我們並轉移我們的注意力的事，以便暫時喘一口氣，並為自己的身心充電**（Stroebe & Schut, 1999）。

因此，在這段期間，你有必要讓自己好好感受那些情緒。有時那些情緒會不由分說的自動湧現，但你也可以透過主動的方式（例如：觀看一個裝滿昔日回憶的盒子，或造訪逝者的紀念碑）去體會。這樣你才可以將內心的情緒流露出來，並透過談話、寫作或哭泣等方式表達。當你感覺自己需要抽離時，不妨把注意力轉移到某件可以減輕壓力反應的事物上。除此之外，你也可以運用第三節中所提到的自我安慰技巧（參見128頁），尤其是當那樣的痛苦已經令你無法承受的時候。同時，你也可以使用一些方法讓自己的心神安定下來。至於該怎麼做，並沒有一定的公式，因為每一個人、每一段關係都不一樣，所以喪慟期間的狀況也各不相同。最重要的是你要找到安全的辦法，讓自己在喪慟的情緒過後得以恢復元氣。

如果我們在心愛之人過世後，表現出一副若無其事的樣子，絕不允許自己哀傷，可能會導致幾個問題。其中之一便是，我們需要不斷地努力才能保持這副模樣，為此我們只好讓自己忙個不停，擔心自己萬一停下來，就會被那些情緒所淹沒。於是，我們就會逐漸陷入一個困境。首先，我們會因此無法休息。其次，當那種痛苦太過劇烈時，我們用來壓抑痛苦的手段，可能會傷害到自己以及我們的人際關係。這是因為如果我們和自己的某種情緒失去了連結，就會和所有的情緒都失去連結。

感受所有的情緒

在喪慟期，你要允許自己有各式各樣的感受。包括：絕望、憤怒、困惑，甚至也包括喜悅。心情好的時候，就微笑吧。你可以享受溫暖的陽光照在臉上的感覺，聽別人講笑話時也可以放聲大笑。這都沒有關係。要允許自己再次享受生活。剛開始時你可能會有一些罪惡感，這很正常。但正如你要允許自己感受痛苦，你也要讓自己偶爾開心一下。兩者都很重要。這樣過了一段時間之後，我們就能學會一如往常的過日子。這並不代表我們忘了逝者，因為我們和他們之間的愛與連結永遠不會消失。

每天一小步

不要小看每天一小步的力量。如果你連每天站起來洗臉都有困難，那麼就把每天早上洗臉設為你現在的目標。一次只設定一個目標，做自己能夠做到的事，然後再設法往前進。

不要有任何期待

如果你期待自己在喪慟期應該有什麼感受、表現出什麼行為，或應該多久就回復正常，只會讓自己更加難受。我們之所以會有這些期待，是因為過去人們都把有關喪慟的種種，當成一個禁忌話題，從不加以談論。而因為有了這些期待，許多處於喪慟期的人都以為自己不太正常、做得不對，或認為自己太過軟弱，並深感孤獨。所幸有幾位學者在這方面做了開創性的研究，使我們更加瞭解喪慟是怎麼一回事，並知道如何幫助自己渡過這段時期。事實上，我們在喪慟期間所產生的種種感受以及情緒上的起起伏伏，都是正常的現象。由於過去人們都避而不談這方面的問題，才會使我們擔心自己是否做得不對。事實上，我們應該採取一個對自己更有幫助的做法，那便是：疼惜自己，並懷著善意與他人建立連結，讓自己能夠毫無顧慮地表達內心的感受。

表達感受

表達感受有時並不是一件容易的事。有些人會很想訴說，有些人則既不願意開口，也不知道該怎麼表達。如果你想訴說心中的感受，可以找某個你信得過的人，和他們聊聊。如果你擔心這樣會造成別人的負擔，讓對方覺得不勝其煩（你會有這樣的顧慮是很正常的），不妨直接向他們表明。對方如果是你的好朋友，就會告訴你他們可以做到什麼程度。

如果你開不了口，可以用寫的。不管你想到什麼、有什麼情緒，都可以寫下來。這樣可以幫助你釐清想法和感受。唯有設法處理這些痛苦的感受，我們才能走出喪慟。

有些人會透過繪畫、音樂、運動或寫詩等形式來表達。無論哪一種方法，只要能讓你安全地發洩並表達自己心中的痛苦，都值得嘗試。如果你不知道該從何著手，就先從你最先想到、過去曾經對你有用、或者你感到好奇的方式開始。

如果你沒有治療師從旁指導，為你守住情緒的界限，你便可以透過這類方式來宣洩、並表達自己心中的情緒。有時你要去感受那些情緒、有時則要克制、有時你要面對、有時則要掉過頭去，以便讓身心得以休息。因此，如果你想發洩和表達那些痛苦的情緒，要先建置好安全網，讓自己得以恢復正常。

記住逝者，繼續生活

當你想起已逝之人就感到痛苦，但過著沒有他們的生活同樣也感到痛苦時，可能覺得兩者似乎彼此衝突。也就是說：你一方面需要應付生活中接踵而來的各種責任與義務，但另一方面，只要某個記憶片段在你腦海中浮現，就會讓你無法承受。

你希望自己能照舊生活，但也想和他們保持連結，不想將他們遺忘。但隨著時間過去，你會發現這兩種需求其實可以並行不悖。你可以刻意撥時間為逝者舉行紀念儀式，讓你們之間的關係得以延續，另一方面也可以每天活在當下，為自己的未來努力。

要走出喪慟，最重要的就是面對自己的情緒，允許自己去感受那種痛苦，並設法安慰自己、支持自己，然後再放下那些痛苦，接受現狀，照舊生活，並設法讓自己疲憊的身心，能夠得到休息與滋養（Samuel, 2017）

帶著傷痛成長

因失去摯愛而造成的傷痛是無法痊癒的。我們不希望忘記自己所愛的人，想讓他們永遠留存在我們的記憶中，並且感受到我們和他們之間的連結，因此這樣的傷痛永遠不會減輕或消失，但是我們可以帶著這樣的傷痛努力生活（Rando, 1993）。許多人在接受心理治療時，都發現這樣的概念對他們頗有幫助。儘管逝者在我們心目中的地位仍然像過去一樣重要，因此我們還是會因為失去他們而感到痛苦，但我們可以將他們放在心中，讓自己帶著那份傷痛成長，並創造一個有意義、有目標的人生。

你可以設法懷念逝者，持續感受你們彼此之間的連結，同時也繼續生活。你將會發現：痛苦與喜悅、絕望與意義，都是生命的一部份，而且你有能力活下去，也能自己走出痛苦的深淵，繼續前行。

何時尋求專家協助

尋求諮商師或治療師的協助，並不代表你面對喪慟的方式有什麼問題。要渡過這段痛苦的時期，我們都需要他人的協助，但並非每個人都有一個可以信賴或吐露心事的對象。這時，你不妨尋求心理師的協助。他們都受過專業的訓練。你可以放心地向他們傾吐你的痛苦，而他們也會給你一些可靠的協助。他們會幫助你瞭解自己的情況，並運用一些技巧協助你安全地渡過喪慟期。同時他們也會讓你對喪慟期間可能面臨的狀況，有更進一步的認識，並且聆聽你的心聲。他們不會像別人那樣評斷你、給你建議，或試圖為你解決問題。他們知道人必須面對喪慟期間的痛苦才能走出來，而他們的職責就是和你一起渡過這段時期，並且在你需要的時候給你一些指引。

本章摘要

- 要面對痛苦才能走出喪慟。
- 我們需要一段時間才能適應摯愛之人已經不在的日子。
- 即使逝者的形體已經消逝，我們仍必須設法與他們保持連結。
- 唯有接受摯愛已逝的事實，我們才能繼續從事那些對我們來說很重要的工作。在喪慟期間，無論你有什麼感受，都是正常的。
- 只要一次邁出一小步，不斷前進，情況就會有所改變。

17 力量之柱

喪慟治療師茱莉亞．薩繆爾（Julia Samuel）提出了四個能夠幫助我們渡過喪慟期、重回生活軌道的四個關鍵（2017）。她稱之為「力量之柱」，因為我們需要努力和堅持才能建立這些支柱。如果我們能一一做到，便可以奠定一個穩定的基礎，幫助自己渡過喪慟期。

這四個「力量之柱」，包括：

1. 與逝者的關係

在失去摯愛後，我們對逝者的愛以及與他們之間的連結並未終止。要適應這樣的失落，我們必須尋找新的方式（例如：前往我們和對方曾經同遊的地方，或造訪他們的墓地或紀念碑）來維持雙方之間的親密感。

2. 與自我的關係

本書中每一節都談到自我覺察的重要性。當我們處於喪慟期時，也必須自我覺察。當我們試著瞭解自己的因應機制、設法尋求支持，並照顧自己的健康和福祉時，都必須盡量聆聽自己的需求。

3. 表達內心的傷慟

無論你用什麼方式表達都可以。你可以一個人默哀、追悼逝者，也可以向朋友吐露。無論什麼方式，只要你能允許自己感受內心的情緒並將它們表達出來，就能幫助你走出喪慟。當情緒特別強烈，讓你無法承受時，可以使用第三部中所談到的技巧，來幫助自己（請參見116頁）。

4. 走出喪慟的時間

如果你指望自己在一定的時間之內就能走出喪慟，勢必會讓自己很辛苦。當你感覺所有事情都令你難以承受時，不妨專心把每一天過好，直到你覺得自己有足夠的力量瞻望未來為止。如果你期望自己在一定時間內就能好轉，只會帶給自己更大壓力，讓自己更加痛苦與沮喪。

5. 心靈與身體

我在第一部中曾經提到，我們的身體、情緒、想法和行為就像籃子上的那些柳條一般交織在一起、密不可分（請參見24頁）。如果其中一項改變了，其他幾項必定也會跟著改變。所以這四個面向我們通通都要照顧到。如果我們能定期運動、攝取良好的營養，並保持某種程度的人際互動，就有助提升自己的心理健康。

6. 劃定界限

當我們周遭的親友給我們許多忠告，告訴我們該怎麼做、什麼時候應該恢復正常的生活時，務必要記得我們有能力可以劃定人我之間的界限。如果我們要設法增進自我覺察、並聆聽自己內心的需求，有時就需要劃定這樣的界限，不受別人左右，才能做出對自己最有益的事情。

7. 生活架構

前幾章中我曾談到，人類需要在「可預測性」與「冒險性」，以及「架構」與「彈性」之間，尋求平衡。失去摯愛後，我們的心靈處於很脆弱的狀態，應該讓生活保持某種程度的彈性，讓自己有傷痛的空間，同時也設法保持某種程度的規律作息，並從事一些健康的活動（例如：運動以及人際接觸），以免影響自己的心理健康。

8. 專注覺察

當我們沒有足夠的言語可以描述內心的感受時，不妨專注觀察自己的內在世界，並在腦海中想像體內的那些感受是什麼樣子。這樣可以幫助我們覺察自己在情緒和身體狀態上的轉變。

本章摘要

- 在失去摯愛後，只要我們努力支撐、堅持下去，過了一段時間之後，自然能夠恢復正常生活。
- 你可以探訪某個對你具有特殊意義的地方或逝者的紀念碑，以便保持你和逝者之間的親密感。
- 在喪慟期間，你要盡量聆聽自己內心的需求。
- 你可以用任何適合自己的方式表達內心的傷痛。
- 不要期待自己在多久之後就可以走出喪慟。

V

自我懷疑

18 面對批評和反對

我們每個人一生當中勢必都要面對別人的批評和反對，但從來沒有人認真教我們，該如何因應這些批評和反對，才能使自己的自尊心不致於受到損傷，並使我們的生活變得更加豐富。

即便我們只是預期自己可能會遭受批評或反對，也可能因此不敢去爭取自己非常在意的事物。因此，如果我們沒有能力以健全的方式處理他人對我們的批評或反對，可能就會付出慘重的代價。

本章的重點不是叫你不要在乎別人對你的看法。事實上，生而為人，我們必然會在意周遭的人對我們的評價。別人對我們的批評，可能顯示我們在某一方面不符合他們的期待，也可能代表我們受到排斥或被人遺棄的風險。因此，我們一旦受到了批評，自然會產生壓力反應，以便讓自己做好準備，設法因應這樣的風險。古時的人類如果受到所屬社群的排斥，他們的生命就會面臨嚴重的威脅。到了今天，情況已經有了一些改變，但在某些方面依然相似。受到排斥和被人孤立的感覺，仍然會對我們的健康造成很大的威脅，於是我們的大腦依舊會努力維護我們在群體裡的安全。

除此之外，我們的大腦也有能力想像別人可能如何看待我們。這是我們在所屬的社群內運作時，所必須具備的重要能力。在社群中，我們會逐漸根據自身的經驗、我們與他人互動的情況，以及我們心目中別人對我們的看法——亦即所謂的「鏡中自我」（looking glass self）（Cooley, 1902）——發展出自我意識與自我認同。因此，在我們的想像中，別人如何看待我們自然會影響我們的行為。

因此，**當我們告訴自己不要在意別人的想法時，心情或許暫時變好，但這樣的效果往往並不持久。**

取悅他人

所謂「取悅他人」，指的並非「與人為善」。「與人為善」是大家都贊同的待人之道，但「取悅他人」指的是，永遠把別人看得比自己重要，甚至為了討人歡心而不惜危害自己的健康和福祉。這樣的心態會使我們無法表達自己的需求和好惡，無法守住人我之間的界限，甚至無法維護自己的安全。那些總是取悅他人的人，雖然想要（或需要）拒絕別人對他們提出的要求，卻做不到。他們雖然怨很別人利用他們，卻無法提出不同的主張，藉以改變現狀。同時，他們會一天到晚擔心自己不被他人所認同，深怕他們只要走錯一步或做錯選擇，就會惹得別人不開心，哪怕他們其實並不喜歡那個人，也不想和他（她）在一起。

每一個人都希望得到別人的認可，但取悅他人卻遠不止於此。如果我們從小就無法安全地表達不同的意見，或展現自己和別人不一樣的地方；如果其他人以憤怒或輕蔑的方式來表達他們對我們的不認可，我們就必須學習如何在這樣的環境中生存。於是，我們便逐漸練就了討人歡心的技能。然而，長大成人後，這樣的行為模式可能會傷害到我們的人際關係。我們會不斷揣測別人對我們的期待，一舉一動都小心翼翼，甚至擔心別人不喜歡我們，而不敢建立新的人際關係。

此外，別人即使不認同我們，也不一定出言批評，因此即使別人什麼都沒說，我們也會擔心（甚至以為）他們並不認同我們。當我們無法確定別人對我們的評價如何時，就會開始胡思亂想。二〇〇〇年時，托馬斯・吉洛維奇（Thomas Gilovich）和肯尼斯・薩維斯基（Kenneth Savitsky）這兩位心理學家，提出了所謂的「聚光燈效應」（spotlight effect）的說法。所謂「聚光燈效應」指的是，人們往往會高估別人對自己的注意程度。他們認為，每一個人把注意力焦點放在自己身上，因而以為別人也很注意我們，但事實上，大家關注的都是他們自己。因此，當我們認定別人在批判我們或不認同我們的時候，他們可能根本沒有想到我們。

有社交焦慮症的人，往往比較在意周遭的人如何看待他們（Clark & Wells, 1995）。但較有自信的人，則往往比較關注外在的人事物，並對其他人感到好奇。

那麼，如果我們很在意別人的想法，或發現自己有取悅他人的傾向，那該怎麼辦呢？我們該如何確保自己能夠和別人建立有意義的關係，而不致於老是擔心他們對我們的非難和評斷呢？當別人的非難讓我們無法依照自己的價值觀行事時，我們又該怎麼辦呢？

如何面對批評：

- 有些批評或許對我們有益，因此我們應該培養容忍這類批評的能力，並將它們化為助力，同時也要肯定自我的價值。
- 敞開心胸，接納那些能夠幫助你成長的負面回饋，並從中學習。
- 如果別人對你的批評只是反映他們自身的價值觀，你就要學會對它們一笑置之。
- 釐清你最在意別人的哪些意見、為何如此，這樣你就會比較瞭解自己，什麼時候應該自我反省、並從中學習，什麼時候應該一笑置之、不予理會。

瞭解人性

大多數喜歡批評別人的人，往往也經常批評自己。這是他們所學到的對自己和別人說話的方式。他們之所以批評你，純粹是他們喜歡批評，不見得是因為你有什麼缺點，尤其是在他們的批評是屬於人身攻擊，沒有任何建設性的時候。

除此之外，人類的思考方式往往是以自我為中心，因此往往會堅持別人依照我們的價值觀和規矩來生活。這意味著別人對我們的批評往往是以他們自己的看法為出發點，忘記每個人的生活經驗、價值觀和個性都不相同。

在面對別人的批評時，我們（尤其是有取悅他人的傾向者）不妨記住以上這一點。我們都希望獲得所有人的認可，如果人人都有自己獨特的想法與觀點，我們就不可能取悅每一個人。如果我們和某人的關係很密切，我們就會更加重視他的意見，而他的批評也會使得我們更加難受，但我們可以設法瞭解那些批評背後的原因。

在分析原因時，最重要是要瞭解事件的背景，但這些資訊我們不一定能夠獲得。在這種情況下，就很難看出那些批評的本質。事實上，別人的批評只不過是反映他們自身的經驗罷了，但我們會本能地將它當成事實，認為它指出我們的缺點，因而開始懷疑自己的價值。

建立自我價值

並非所有的批評都對我們有害。當別人批評的是我們某一種行為時，我們往往會產生罪惡感，因而想要改正自己的錯誤以便修補雙方的關係。然而，當他們批評的是我們的人格以及生而為人的價值時，往往就會讓我們感到羞愧。

羞愧感是一種令人極其痛苦的感受，其中可能摻雜了憤怒或厭惡等情緒。羞愧感和尷尬不同。後者比較沒有那麼強烈，而且往往只有在公共場合才會感受到。前者則令人痛苦得多。我們會無法言語，不能清晰的思考，也做不了任何事情，只想在地球上消失或者找個地方躲起來。羞愧感所引發的強烈身體反應，會讓我們很難復原。

羞愧感會讓我們產生強烈的威脅反應。那種感覺就像是有人拿了一根火柴點燃我們的情緒，將所有的情緒通通引爆一般。於是，除了羞愧之外，我們還會感到強烈的憤怒、恐懼或厭惡，而後便開始批評、貶低，譴責自己。由於這些感覺太過強烈，我們會本能地加以壓抑，但仍無法消除那種羞愧感，於是我們便會從事一些吸引人、且容易讓人上癮的活動，以便立刻減輕這種痛楚。

羞愧感復原力（shame resilience）**是我們可以培養的一種能力**，但這需要終生不斷地練習才行。**培養羞愧感復原力並不是讓你從此不再感到羞愧，而是讓你學習如何重**

新振作起來。

如果你希望自己能夠在羞愧時不致於喪失自我價值感，就必須做到以下幾點：

- 試著瞭解你的羞愧感從何而來。我們會把自己生活中的某些面向，和我們所做的一些事情（例如：養兒育女的方式、外貌或創造力）視為自我的一部份。任何和你自我價值有關的事物，被否定時都可能使你產生羞愧感。為了建立和維持自我價值感，我們必須瞭解：我們並不需要事事完美、絕不犯錯才能成為一個有價值的人。
- 思考別人對我們的批評和論斷是否事實。無論這些批評和論斷是來自別人還是你自己的內心，它們都不是事實，而是對事件的陳述和想法，但可能大大影響我們對這個世界的體驗。因此，如果你想建立自我價值，就不要理會別人的謾罵和人身攻擊。你應該關注的是別人對你的某個行為的批評，以及那個行為所導致的後果。同時，你要提醒自己：生而為人，我們原本就不完美，會犯錯，也可能會有失敗的時候。因此，當你沒有把事情做好的時候，不需要認為自己一無是處。你可以從失敗的經驗中學習，讓自己變得更好、更強壯。
- 要注意你對自己說些什麼。我們受到批評時，難免感到難受，因為我們的大腦正設法維護我們的安全。面對別人的批評，我們無法不感到難受，而且就算我們穿上了盔甲來防護自己也沒有用，因為你會在你的腦海裡，反覆重溫那些批評。別人對你嚴厲評論或批判時，會讓你氣急敗壞，然後你便會在腦海裡反覆思索他們所說的話。這是因為那些批評對你構成了威脅，於是便引起了你大腦的關注。每次你在腦海裡重溫那些批評時，就會再次產生壓力反應。因此，原本你可能只是肚子被別人踢了一腳，後來卻覺得像是被踢了一百下。因此，面對建設性的批評，我們不妨多花點時間想一想。但面對惡意批評，如果你一再重溫，就毫無益處，只不過是延續別人對你的攻擊罷了。

- 受到批評後要以正確的方式對自己說話。如果你希望自己不被羞愧感所打倒並重振旗鼓，這一點非常重要。當我們心中懷有羞愧感時，可能會對自己感到厭惡，認為自己不值得同情和尊重。我們以為在這種情況下如果再善待自己，就是縱容自己、放自己一馬，會讓自己不想更加努力，於是便繼續撻伐自己。但實際上，如果一個人倒下後，你想讓他爬起來，就不能再揍他。如果你想將別人的批評轉化為你的助力，就必須支持自己，善待自己，讓自己得以聆聽別人的批評，並決定你要接受哪些批評並從中學習，而哪些批評只會打擊你的自尊、摧毀你的自信，對你毫無益處。

- 和別人談論你的感受。不妨找一個你信得過的人，向他們傾吐心中的感受。如果你隱瞞心事、絕口不提，只是一味地批判自己，只會加深你的羞愧感。如果你能對一個能夠同理你的人訴說，就比較能夠釋然並且放下。

瞭解自己

在受到批評時，如果你仍想照著自己的心意生活，就必須要釐清以下幾點：

- 對你來說，有哪些意見是真正重要的？為什麼？你最重視的是哪些人的看法？當人們說：「我根本不在乎任何人的想法」時，他們往往不是真心的。這樣的話只顯示出他們內心的不安全感罷了，而且這種態度會切斷我們和他人之間的溝通管道，讓我們無法與他人建立有意義的連結。不過，你不能在意太多人的想法，即使你在意某些人的意見，也並不代表你有責任去取悅他們，而是意味著你願意聆聽他們的指教，因為你知道他們很可能是真心為你好，因此他們的意見對你應該是有幫助的。
- 你的做事動機。你最需要得到的是你對自己的認可。當我們的生活方式不符合自己的價值觀和原則時，生命就不再具有意義，也無法讓我們從中獲得滿足。

因此，你要瞭解自己想成為一個什麼樣的人、過什麼生活、想對這個世界做出什麼貢獻。當你很清楚自己是誰、想成為一個什麼樣的人時，決定接納哪些批評或忽視哪些意見，就變得容易得多。

- 你對自己的批評究竟源自何處？那些批評是否有道理？對你自己有益還是有害？如果你身邊老是有人批評你，甚至他們還沒開口你就知道他們要說什麼，那麼久而久之，你就會把這些批評內化，並用同樣的方式來對待自己。所以，我們之所以會對自己進行嚴厲的批評，可能是學來的。一旦認清了這點，我們就可以學習用一種比較有益的方式和自己對話。

本章摘要

- 我們要學習以健康的方式面對別人的批評和反對。這是一種很重要的生活技能。
- 生而為人，我們必然在意別人對我們的看法，因此告訴自己不要在意並不能解決問題。
- 所謂「取悅他人」並不只是善待別人，而是把別人的希望或需求看得比自己的重要，甚至為了討人歡心而不惜危害自己的健康與福祉。
- 如果你瞭解有些人為何喜歡批評別人，就比較能面對他人的批評。
- 你可以試著建立你的自我價值感以及羞愧感復原力。這有可能改變你的一生。

19 如何建立自信

我生長在一座小鎮上。青少年時期，我以為自己很有自信。沒想到等我離開鎮上，前往一百多哩外的地方上大學時，那些自信就消失了一大半。當時，我感覺很脆弱，很容易受傷，對自己沒什麼信心，也不知道應該如何融入群體。但當我逐漸適應了大學生活後，我又逐漸找回了自信。

畢業後，我找到了一份工作，在一家戒癮中心擔任研究員。這時，我在大學裡培養的自信又不太夠用了。為了在這個新的領域建立自信，我必須再度忍受那種脆弱感。後來，同樣的情況又分別發生在：我開始擔任實習醫師之時、取得執照和生了老大之後，以及自己開了診所，接著又開始在社群媒體上發布影片之時。

每一次我做出新的嘗試時，原本的自信就會突然消失無蹤，那種戰戰兢兢的感覺又會再度出現。因此，自信就像是我們為自己打造的一個家。你每到一個新的地方，就必須重新再造一棟。但每次我們這樣做時，並非從零開始，儘管每次我們進入未知的領域、嘗試新的事物時，不免戰戰兢兢並且犯下一些錯誤，但透過這些經驗，我們也會逐步建立自信，因為我們已經證明自己可以通過挑戰。於是，當我們展開人生的新頁時，我們已經有了必要的勇氣，敢於放手一搏。就像高空鞦韆的表演者，他們每次鬆手放開一根橫木，以便抓住下一根時，都必須要有這樣的勇氣。儘管失手的風險永遠存在，沒有「百分之百安全」這回事，但他們仍有足夠的勇氣面對挑戰。

離開舒適圈

自信並不等於舒適。許多人誤以為有自信就是無所畏懼。但事實並非如此。要建立自信，我們就必須願意帶著恐懼，去做那些對我們而言很重要的事情。

當我們在某一方面有了一些自信，那種感覺是很美好的，於是我們便想要抓住那種感覺不放。但如果我們只待在自己感覺有信心的領域裡，我們的自信就不可能增長。如果我們只做自己有把握的事，就會愈來愈沒有勇氣去探索未知的領域。因此，若要建立自信，我們就必須接納自己的脆弱。唯有如此，我們才能渡過沒有自信的時期。

如果我們希望自己愈來愈有自信，唯一的方法就是願意接納自己沒自信的狀態。當我們有勇氣面對恐懼、接受未知，我們的信心便會逐漸增長，因為信心是隨著勇氣而來。不過，這並不表示我們必須立刻投入非常艱難的工作，讓自己面臨滅頂的危險。

這表示：我們必須認清恐懼能夠幫助我們發揮自己最大的潛能，因此我們需要改變我們對恐懼的看法。即使我們心中仍懷有若干恐懼，仍然可以嘗試新的事物，學會帶著恐懼上路。

我們可以利用下一頁的「學習模式」圖表（Learning Model，Luckner & Nadler，1991）來幫助自己建立自信。你可以在上面寫下生活中有哪些面向是你的「舒適區」，哪些是你覺得有挑戰性但還可以應付的「學習區」，又有哪些會被你列入「恐慌區」。每當你踏入你的「學習區」時，就是在鍛鍊你的勇氣，以便提升你的自信。

在建立自信的過程中，你必須接納自己、疼惜自己，並瞭解「脆弱」和「恐懼」也有其價值。要這樣做，你必須設法平衡各個面向，有時並不容易。在這個過程中，你可以運用本書中所提供的各種方法，因為這些方法都可以幫助你，讓你在努力探索新的領域之餘也能忍受隨之而來的不安，然後再後退一步，讓自己得以休養生息。

如果你想讓自己敢於放手一搏，大步跨入學習區，就必須做到以下幾點：

- 認清你只要努力，就會進步。
- 願意暫時忍耐那種脆弱、不安的感覺。
- 答應自己：這一生無論成功或失敗，你都要當自己的後盾並盡力而為。也就是說，你要疼惜自己、為自己加油打氣，不要對自己太過嚴苛。

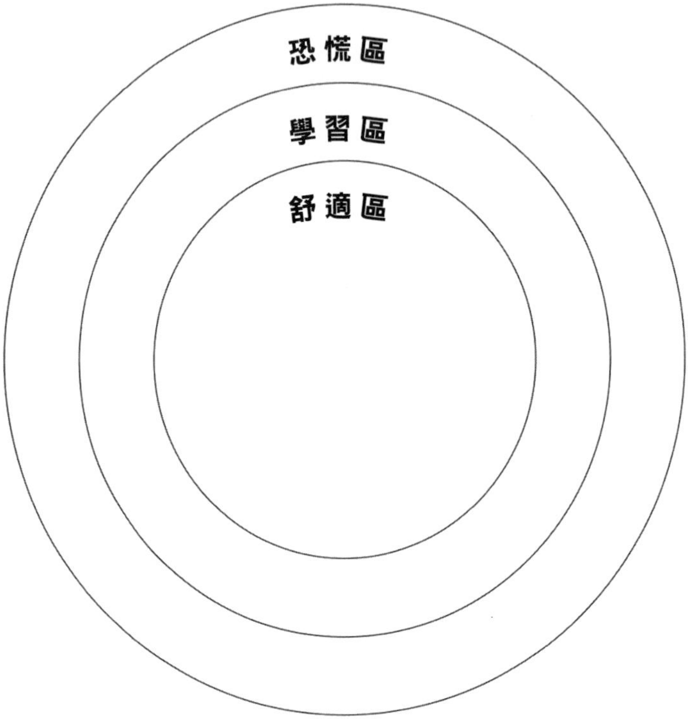

圖（八）：學習模式（Luckner & Nadler，1991）

• 知道該如何克服失敗所帶來的羞愧感，以免自己為了避免失敗而放棄夢想。詳細做法請參見第三部。

• 要培養自信，不要活在恐懼中。我們必須練習面對恐懼，忍受恐懼，然後讓自己有時間可以休養生息，為明天做好準備。請參見第六部有關「恐懼」的部份。

你不需要努力增強你的自尊心

有許多專家強調所謂的「自尊心」。他們宣稱如果我們能夠相信自己，就會有更好的表現、更美滿的人際關係，並且過得更幸福快樂。

所謂「自尊心」，通常指的是你對自己有正面的評價並且相信那些評價（Harris, 2010）。於是那些試圖幫助你提升自尊心的人，可能會請你列出自己的優點與長處，藉以讓你相信自己能夠「成功」。但我們對「成功」的概念是有問題的。我們認為「成功」就是有錢、贏過別人、出人頭地，並且受到他人認可。但要，如何判定自己比別人強呢?方法便是和他人比較。或許你會在網路上找個人來比較，但全世界一共有四十六億個網路使用者。在這麼多的人當中，你勢必能找到一個在某方面比你強的人。這時你的自尊心可能就會受到打擊，因為你發現自己並沒有比別人強，然後你可能就會認為自己是個失敗者。

如果你只和自己的朋友和家人做比較，那又會如何呢？答案是：這將會妨礙你和那些人建立健全的人際關係，如果你認為成功的人才有價值，勢必就很難和那些被你拿來比較的人建立真正的連結。萬一你失業了而你的朋友卻得到升遷，你會如何呢？根據一群心理學家所做的一項研究，自尊心很強的人不見得擁有較美滿的人際關係或較優良的表現，但通常卻比較高傲自大、懷有偏見，並且比較會歧視別人（Baumeister et al., 2003）。他們並未發現任何明顯的證據，足以顯示試圖以人為的方式增強自尊心，會給人帶來任何好處。

建立在「成功」之上的自尊心是不可靠的。你必須時時證明自己比別人強，而一旦你發現自己似乎並沒有想像中那麼厲害，就會認為自己不夠好，於是你會像一隻反覆踩著轉輪的倉鼠，在「匱乏思維」以及「擔心自己不夠好」的心態驅使下，不斷地追求成功。

捨棄自我肯定句

這年頭我們打開社群媒體時，勢必都會看到許多「自我肯定句」。其背後的概念是：如果你重複對自己說著某些話，次數多了之後，你就會開始相信那些話都是真的，而且你也會變成那個樣子。但事情並沒有這麼簡單。對那些自尊心已經很強、而且對自己很有信心的人而言，重複這些肯定句或許會讓他們自我感覺更加良好一些，但有些研究顯示：對那些自尊心很低的人而言，每天重複那些連他們自己都不相信的肯定句（例如：「我很強壯，我很討人喜歡。」之類）或思考這些話何以是真的，往往只會讓他們的情緒更加惡劣（Wood et al., 2009）。

問題可能出在我們每一個人都會進行的自我對話之上。如果你大聲說出「我很強壯，很討人喜歡」這樣的話，但心裡其實並不相信的話，你的「內在批評者」（inner critic）就會開始找出，所有足以顯示你並不強壯也不討人喜歡的證據。結果你的內心就會有兩種聲音相互撕扯拉鋸。原本你想甩開那些讓你心情低落的負面想法，到頭來卻一直想著它們。

那麼，究竟怎樣的做法才有效呢？根據我前面所提到的那項研究，當研究人員告訴那些自尊心較低的人，有負面想法並不是什麼壞事時，他們的心情就變得比較好了，因為他們不再需要努力說服自己，去相信某件他們並不相信的事情。因此，**當我們感到軟弱時，並不需要告訴自己我們很強壯。我們可以承認生而為人難免會有軟弱的時候，並且疼惜自己、鼓勵自己，然後再運用所有可行的方法，去做那些能讓我們再度產生自信的事，成為我們想要成為的那種人。**如果我們要讓自己相信自身的優點或能力，唯一的方法就是，用行動來證明自己確實具有那樣的優點或能力。

不過，儘管自我肯定句或許不是低自尊的人建立自信的最佳策略，但語言還是很重要。如果你因為自己犯了錯或者沒有把事情做好而抨擊自己，一定要適可而止。職業運動員之所以有專業的教練從旁輔導是有原因的。但在日常生活中，我們可沒有教練在一旁指點我們，所以我們必須為自己加油打氣。

當我們沒有把事情做好時，難免會有一些情緒反應，而這類情緒也會影響我們的想法，使我們很容易抨擊自己、撻伐自己，但我們可以用一種對自己比較有益的方式來面對失敗。如果你想培養自信，就不能對自己太過嚴苛，必須擔任自己的教練。這意味著：**當你沒把事情做好時，必須拉自己一把，讓自己能夠重新上路。**

一個有專業素養的教練絕不會用言語霸凌你，也不會對你說一些連你自己都不相信的話肯定你。他們會以誠實、負責任的態度，無條件地鼓勵你、支持你。無論你的成績如何，他們都會在旁邊為你加油打氣，並且支持你、為你著想。當然，要做自己的教練有時並不容易，但這是我們可以透過練習而增強的一種生活技能。

工具箱

改變你對恐懼的態度

如果你想培養自信，讓自己勇於去做會讓你緊張的事，可以先練習擁抱你的恐懼，與它同在，不要加以排斥。要做到這一點，我們並不需要讓自己置身於一個會令我們極度驚恐的情境裡。事實上，這樣的做法並不明智。我們只要稍微踏出自己的舒適圈，試著做一件沒什麼把握的事情，讓自己有些壓力反應，又不致於無法承受就可以了。

- 你希望自己在哪種情境更有自信呢？把它寫下來。把你最害怕的那種情況寫在最上面，然後再加上一些你覺得自己比較能夠應付、但仍具有挑戰性的類似情況。舉個例子，如果你希望自己在社交場合能夠更有自信，可以把自己最沒有把握的情境（例如：宴會場合）寫在清單的最上方，然後再把其他難度較低的情境依序寫在下面。比方說，對你來說稍微容易一些的，或許是一場所有來賓你都認識的宴會，其次可能是一場只有好友參加的小型聚會。難度更低的則是，和某個你信任的朋友在咖啡廳見面。清單列好後，你不要從最上面一項開始，而是要從一個雖然有難度、但你仍然可以辦到的情境著手練習，然後儘可能經常重複那樣的行為。一旦你愈來愈有信心，而且那樣的情境已經變成你的舒適區之後，你就可以練習清單上的下一個情境了。

「完美的照顧者」（The perfect nurturer）是保羅・吉伯特（Paul Gilbert）和黛博拉・李（Deborah Lee）所發明的一種方法。這也是「慈悲焦點治療」（Compassion Focused Therapy，簡稱CFT）所應用的一種方法。它可以幫助你學習，如何在培養自信的過程中與自己對話。

所謂的「完美的照顧者」，就是你要尋求安全感以及那種被呵護、被照顧的感覺時，會想到的某個人。如果你寧可有個教練，也可以用教練來取代。

- 在你腦海中想像那個完美的照顧者或教練的模樣。
  （可以是現實生活中的某個人，也可以是你想像中的人物）
- 想像你告訴那個人你目前面臨的問題、你的感受，以及你希望加強的部份。
- 想像那位完美的照顧者或教練可能會怎麼回答，然後把那些話寫下來。當你在培養自信的過程中處於比較脆弱的狀態時，就可以用這樣的語氣和自己說話。

本章摘要

- 如果我們始終不願意處於沒有自信的狀態，就無法增長自信。
- 如果你想建立自信，就要去做自己沒有把握的事，並且每天重複。久而久之你就會發現自己愈來愈有自信。
- 你的自信心會隨著不同的情境而增強或減弱，但你要相信自己有能力，在增強自信的過程中忍受那種害怕的感覺。
- 你不需要馬上讓自己置身於最害怕的情境中，以免自己無法承受。可以先從比較容易的情境開始。
- 在培養自信的過程中，你要當自己的教練，不要對自己太過嚴厲。
- 你要先有勇氣嘗試自己沒把握的事，才能逐漸培養自信。

20 你不等於你的錯誤

我們之所以會產生自我懷疑，多半和我們看待失敗的態度有關。在此，我不會告訴你們：只要接受失敗，一切都會變得很容易。這並非事實。失敗從來不是一件容易的事。每一次失敗都會讓我們感到痛楚，因為我們都希望自己夠好，希望自己的表現能令人滿意，而我們的失敗就顯示我們這次的表現不夠好。

我們不僅需要改變看待自己失敗的態度，也需要改變我們在別人失敗時的反應。你如果有使用「推特」，那麼過不了多久你就會對失敗這件事滿懷恐懼，因為在那裡你只要說錯一句話，就會有一群推特大軍蜂擁而來辱罵你，要把你從你好不容易才爬到的高處拉下來。我就曾親眼看到有些人只是在用詞上犯了一些小錯，而且已經立刻道歉，還是遭受到這樣的待遇。由於社群媒體是這個社會的一面放大鏡，難怪我們在失敗時會產生如此強烈的羞辱感。通常那些喜歡批評自己的人，更有可能會在別人犯錯時加以批評。如果我們相信當別人犯了錯或有任何缺點時，無論他們的用心為何，我們都應該羞辱他們，那麼我們要如何允許自己去冒險和犯錯呢？

自從我瞭解我失敗時別人的反應，其實是顯示他們自己看待失敗的態度，與我的人格和價值無關後，便大大鬆了一口氣。在人們會為了彼此所犯的錯誤，而互相攻擊的環境中，要接受失敗是很困難的。但無論這個社會多麼敵視失敗，要改變人們對失敗的看法，都必須從我們自身做起。無論我們所處的環境安全與否，失敗總會讓我們感到難受，於是我們便會盡量避免失敗，甚至為此不惜付出任何代價。當事情開始變得棘手時，我們就會放棄，改走一條比較容易也比較安全的道路，或者索性拒絕採取任何行動。每當我們這樣做時，就會有一種如釋重負的感覺，心想：「太好了，我不用再面對那件事了。」但次數多了以後，這便會成為我們的生活模式，讓我們一直待在舒適區內，懶洋洋的，沒有活力，什麼事都不想做。

如果我們不抗拒失敗，而是接受它，並將它視為成長和學習的過程中不可或缺的經驗，那我們該怎麼做呢？或許我們在理智上明白自己應該接納失敗，但在實際面對失敗時是否真能如此，那就是另外一回事了。因此，你心裡必須真正有這樣的信念，不能光是嘴巴上說說。信念是最重要的。我們必須心口合一，否則光是說服自己失敗了也沒有關係是不管用的，因為我們無法確定別人對我們的失敗有何反應。世上總是會有一些喜歡批評別人的人，而且當我們跌倒時，並不是每一個人都會對我們伸出援手。因此，我們只能盡量靠自己。**首先，我們要認清：如果我們想在失敗後東山再起，就不能把希望**

寄託在別人身上。我們可以利用自己所能得到的援助，但不能指望身邊一定會有人幫忙。因此，我們一定要疼惜自己，為自己療傷，讓自己在失敗後得以重振旗鼓。

失敗後如何重新振作

1. 覺察你在失敗後的感受。包括：身體的感覺、你有哪些衝動，或做了什麼事等等。注意你是否正利用你所喜愛的各種活動（如：看電視、喝酒，或瀏覽社群媒體等等）來麻痺自己。失敗的痛苦會讓我們很想壓抑自己的感受。因此，就算你沒察覺到心中的感受，還是可以察覺到你用來壓抑感受的行為。
2. 和那種感受保持距離。還記得金凱瑞和面具的故事嗎？當他取下那副面具時，它對他的影響力就減弱了。我們也可以這樣對待自己的情緒，方法就是：將那些情緒看成是發生在我們身上的一種經驗，並不等同我們本身。如果你能為自己的情緒命名，你就能在心理上和它保持距離。如果你能辨識自己的思考模式，也會有同樣的效果。關於當下所發生的事，你的心智所描述的並非事實，而是一個理論、意見、故事或想法。這些想法會受到過去到現在別人對你的批評的影響，也受到你從前心靈脆弱或面臨失敗時的經驗影響。當我們看清了那些批評的模式，並且瞭解它們從何而來時，我們就可以明白為何我們會對自己如此嚴厲。這或許能有效幫助我們和腦海裡那些自我抨擊的聲音保持距離，並決定要相信它們，還是將它們視為一個對我們毫無益處的想法。

3. 注意你心中那些想要壓抑痛苦情緒的衝動，並提醒自己不一定要據以行事。當我們不再對抗自己的情緒，而是任由它來襲時，我們必然會感到痛苦而不知所措，但它終究會消退。如果我們試圖壓抑內心的感受，不讓它流露出來，它就會一直停留在那兒，等著被化解。因此，與其壓抑它，我們不如懷著好奇心靠近它、觀察它、注意它，同時進行第四個步驟。

4. 當自己最好的朋友，安慰自己並支持自己。你要坦誠面對自己的錯誤，也要給自己無條件的愛與支持。（例如：你可以對自己說：「哇，真不容易呢！要撐住啊！」）真正的好朋友雖然無法為我們解決問題，但會堅定地站在我們身邊，陪我們渡過難關。

5. 從經驗中學習。一個教練在指導職業運動員時，會分析他歷年的表現，除了找出他的錯誤之外，也會注意他有哪裡做得不錯。因此，當你從失敗的痛苦中復原後，就要從經驗中汲取養分，不要忽略自己做得好的地方。要瞭解自己哪裡做得好，哪裡有待改進，並且擔任自己的教練，讓自己從經驗中學習並繼續前進。

6. 回歸重要事項。每一次的失敗和挫折都令人痛苦，但我們仍應該為了自己的信念而振作起來、重新出發。當你被失敗的痛苦所啃噬時，或許只想跑到別的地方躲起來，根本不想再度嘗試。這時，如果你能回歸自己的價值觀，重新思考當初之所以那樣做的理由，就比較能夠根據自身的利益以及自己想過的生活做出抉擇，而非在痛苦的驅使下行事。儘管如此，失敗的痛苦仍可能令你難以承受，所以不妨慢慢來。務必先處理好自己的情緒，等到做好準備後再來嘗試。

相關的細節請參考我們討論價值觀的那一章（308頁）。不過，在事件發生的當下，我們不見得有時間考慮哪些做法才符合我們的價值觀。這時，你只要問自己：「日後，當我回顧現在，會以自己做什麼選擇為榮？我要採取怎樣的行動，才能讓自己一年後為此感到慶幸？我要如何從這次的經驗中學習，並繼續向前邁進？」

本章摘要

- 自我懷疑大多和我們看待失敗的態度有關。
- 別人對你的失敗有何反應和你的人格或價值無關。
- 失敗的痛苦可能會讓我們企圖麻痺自己或壓抑情緒。因此，即使你未察覺自己有什麼情緒，也可試著注意是否有一些壓抑情緒的行為。
- 你可以做自己的教練，從失敗中學習，並持續向前邁進，去做那些對你來說很重要的事情。
- 失敗的痛苦可能會強烈到令人難以承受，所以你要給自己足夠的時間慢慢消化。

21 自我接納

大多數人之所以無法接納自己，是因為他們誤以為接納自己，就會讓自己變得懶惰、自滿。在他們看來，所謂「自我接納」就表示：相信自己已經夠好，所以會使人失去想要改善自我、努力工作、追求成就和做出改變的動機。但事實上，研究顯示，能接納自己、疼惜自己的人，比較不會害怕失敗，在失敗後也比較可能會堅持下去、再度嘗試，而且通常也更有自信（Neff et al., 2005）。

「自我接納」和「自我疼惜」並不代表「不在意外界的看法」，也不表示在遇到困難時要認命接受失敗，而是要無條件地愛自己。有時這意味著，你要選擇一條比較困難的道路，因為那才是對你最好的，也意味著：**當你已經倒在地上的時候，不要再踢自己一腳，或者沉溺於自我厭惡的情緒中，而是要用盡全身每一分力氣，讓自己能夠再度站起來。**

而且當你這麼做的時候，心中所懷抱的是愛與滿足，而非恐懼與匱乏。

如果我們不學會自我接納，就可能終其一生都需要別人的肯定、被困在自己不喜歡的工作中、和會傷害我們的人在一起，或者過著怨天尤人的生活。

那麼，我們該如何學習自我接納？

瞭解自己

這個概念聽起來很簡單，但許多人終其一生都不曾檢視自己的行為模式，以及這些模式對他們的生命經驗所造成的影響。要接納自己，就必須先瞭解自己的特質，明白自己想成為一個什麼樣的人。要瞭解這些，就需要進行自我覺察，而自我覺察的方法便是內省。無論寫日記、找心理治療師諮商，或者和朋友談談，都可以幫助我們省視自己以及自己的人生經驗，讓我們更加瞭解自己是個什麼樣的人、為何會有那樣的行為舉止。要接納自己，就必須先聆聽自己的需求，並設法滿足這些需求。如果不注意聆聽，有時就無法接收到我們內心所發出來的訊號。

在覺察自我的過程中，我們一方面要省思自己身上有哪些讓我們感到自豪的特質，同時也要覺察那些我們可能不願意想起的部份，也就是那些連我們自己都不喜歡，且為之擔心、懊悔或想要改變的特質。不過，我們在省思這個部份時，要像旁觀者，抱持著一種善意、同情的態度。唯有如此，我們才能從中學習。如果我們在想到生命中的困難情境會產生強烈的情緒，以致於很難清楚的思考，則不妨找治療師幫忙。

何謂自我接納

假設你在闔上這本書之後，開始過著無條件接納自己的生活，那將是怎樣的一個光景？你的行為會有哪些改變？你會接納哪些事情？又有哪些無法接受？你會更努力去做哪些事情？又會放下哪些？你會如何對自己說話？又會如何對別人說話？

請你試著把你對以上這些問題的答案仔仔細細地寫下來，並在腦海中想像，當你開始接納自己後，你的行為會有怎樣的改變？當你要做出改變時，大多時候都必須先改變自己的行為，才能改變自己的感受。因此，如果你希望感受到自己是個有價值的人，就必須日復一日、永無休止地練習，才能在生活中做到無條件接納自己的地步。

接納自己的所有面向

我們雖然擁有某種終生不變的自我意識，但在不同時刻卻會產生不同的情緒，也在不同的情境扮演不同的角色，表現出不同的行為。許多人認為這些角色和行為，是他們自身幾個不同的部份。我們可能因為早年的生活經驗以及他人對那些情緒的反應，而比較無法接受自己的某些部份。比方，如果你在成長期間，大人不容許你生氣，你可能就很難接受並疼惜生氣的自己。這樣一來，你能否接納自我就取決於你當時的感受。

試試看

你可以試著做下面這個用於「慈悲焦點治療」（Irons & Beaumont, 2017）中的練習，以便覺察你對各種不同情緒的反應、練習和那些情緒保持距離，並以善意、慈悲的態度看待它們。

請你花一點時間回想，最近某個讓你產生若干情緒的事件。最好從某個不太痛苦的事件開始，以免你在練習時無法承受。

1. 寫下你對那個事件的一些想法。
2. 寫下它讓你產生的一些情緒。例如：氣憤、哀傷、焦慮等等。
3. 逐一和那幾種情緒連結，並且想一想你會如何回答以下問題。
   (1) 你在你身體上的哪個部位感受到那種情緒？你是怎麼發現的？
   (2) 那種情緒是由你哪個想法導致的？如果它能說話，它會怎麼說？
   (3) 在那種情緒之下，你產生了什麼衝動？如果你真的按照那種衝動行事，會做出什麼事來？（例如，焦慮可能會使你想要跑開，憤怒可能會使你想要對著某人大吼大叫）。

(4) 你的那個部份需要什麼？要怎麼做才能讓那種情緒平靜下來？

一旦你針對你當時的每一種情緒都做了練習，就可以替你那個慈悲的自我（那個想要無條件愛自己、接納自己的部份），回答以上這四個問題。

當你針對每一種情緒做這個練習時，要讓自己有時間從一個情緒當中抽離，然後再進入下一個情緒（如果你有很多種不同的情緒的話）。這樣的練習能增強你緩和自身情緒的能力，並讓你得以深入瞭解它們，但又不致於被它們所淹沒。

透過這個練習，我們可以檢視那些情緒，並從而看出：即使是我們自己無法接受的那些情緒，也只不過是很正常的感受罷了。每一種情緒都反映出我們解讀當下情境、決定下一步該怎麼做的一種方式。

如果我們能像這樣花點時間，以超然的角度來觀察自己的情緒，就會比較能夠接受自己的負面情緒，從而得以疼惜自己，不致於對自己太過嚴厲。

改掉批評自己的習慣

- 你都怎麼批評自己？會使用哪些字眼？
- 批評的焦點是什麼？
- 你會為了哪些事情批評自己？是外貌？工作表現？人格特質？還是因為自己比不上別人？
- 有些形式的自我批評所造成的傷害，可能會比其他幾種更大。
- 如果你因為自己沒把事情做好就認為自己不夠好，那也是自我批評的一種形式。
- 如果你除了認為自己不夠好之外，還厭惡自己、痛恨自己，這樣的自我批評對你的影響就更大，也會更讓你感到羞愧。

試試看

這是一個快速的練習，可以幫助我們拉開和自己內在批評者之間的距離，並看清它的本質。

在省思了你批評自己的各種方式之後，請將那個內在批評者想成是一個人。

他看起來是什麼模樣？

他對你講話時，面部的表情如何？聲音聽起來是什麼樣子？

他想表達什麼情緒？

你看到他有什麼感覺？你認為他的目的何在？

他之所以批評你，是因為他想保護你，只是用錯了方法？

你想和這樣的人在一起嗎？他能幫助你過著快樂的生活嗎？

最後，再問問你自己：

每天二十四小時都跟這樣的人在一起，會對你造成什麼影響？

發現自己慈悲的那一面

如果你的內在批評者已經跟了你大半輩子，你是不可能立刻就把他攆走的。由於你經常自我批評，因此你大腦中的相關迴路已經變得很暢通了，所以你會不時聽到那個批評者的聲音。我們要做的是：開始練習用一種比較健康、有益的方式對自己說話。就像你之前聆聽那個內在批評者說話一樣，你也可以邀請你那個慈悲的自我和你對話。它不但會為你著想，也瞭解那些自我批評對你造成的傷害。它就像你內在的批評者一樣，希望你能成長並有所成就，但它會感受到愛，而非羞愧。

請花一點時間想像，這種慈悲的自我對話是什麼樣子。請記住，這和正向思考不同。一個慈悲的人是誠實而和藹的。他會鼓勵你、支持你，為你著想。請想像一下：你對他人表示同情時，會使用什麼字眼？之前別人向你表示同情時說過哪些話？請試著回想，之前某個人對你表示同情的情景。他的眼睛怎樣注視著你？他說了什麼話？那些話讓你有何感覺？如果你隨時都能聽到這樣的話語，那將是怎樣的一種光景？

試試看

我們必須經常練習，才能增強我們自身慈悲的那一面。請試著寫一封信給你自己，表達你的同情之意。不需要打草稿，想到什麼就寫什麼，就像寫給一位正在受苦或者極力想要改變自己的好朋友一樣。你會如何告訴他，你將永遠支持他，並且希望他不要這麼痛苦？你不需要把這封信拿給任何人看。但在寫信過程中，你將會接觸到你那個慈悲的自我，並且思考你可以透過哪些方式來表達那樣的慈悲。這將可幫助你鍛鍊相關的心智肌肉，讓你在你最需要的時候可以用得上。

如果你很難體會那種對自己慈悲的感覺，可以想像你寫信的對象是某個你無條件愛著的人，或使用過去你心愛的人對你說的話。

本章摘要

- 有人以為我們如果接納了自己，就會變得懶惰、自滿、失去動力。但這是一種誤解。
- 事實上，研究顯示：能夠接納自己、疼惜自己的人，比較不害怕失敗，在失敗之後也比較願意再試一次。
- 自我接納並非消極地接受自己的挫敗。
- 如果你疼惜自己，你往往會選擇走一條雖然困難、但對自己最為有益的道路。

VI

恐懼

22 化解焦慮

打從我能記事以來，我就一直都有懼高症，因此從小到大，我都盡量避免到很高的地方去。但是我遇見我現在的丈夫後，就跟他一起去義大利旅遊並參觀比薩斜塔。當我們站在那兒看著那座塔樓時，他突然拿出了兩張票，說要到塔頂去看風景。我聞言便深呼吸了一口氣，抬頭望了一眼那座傾斜了3.99度、看起來岌岌可危、似乎快要倒塌的高塔。

我的心臟開始狂跳，感覺有點想吐，但票已經買好了，我也只好跟著一起上去了。要抵達塔頂，必須循著塔內那座狹窄的螺旋狀石梯拾級而上。腳下的地板有點傾斜。爬著爬著，我開始感覺這座塔就要倒塌了（至少我當時是這麼想的），但由於還有許多人跟在後面，我只好繼續往上爬。到了塔頂後，我感覺塔身好像傾斜得更厲害了。同行的每個人都直接走到邊緣去看風景，唯獨我只想貼近地面。於是我便走到距離塔緣最遠的地方，在地上坐了下來，並且裝得若無其事，好像只是坐下來休息一樣。這樣做雖然讓我有點窘，但因為擔心自己可能會摔死，也顧不了那麼多了。當然，坐在地上並不能讓我更安全，但那是一種非理性的行為。我的大腦正對我的身體發出強烈的訊號，要它趕緊靠近地面。為了避免看到四周的風景，我甚至一直盯著地上的石板看。當時馬修拍了一張我蜷伏在地上的照片，現在已經成了我們之間的有趣回憶。然而，當時到底發生了什麼事？為什麼我會想要貼近地面呢？

由於我從小就怕高，因此當我一看到那兩張票，想像自己爬到塔頂的情景時，我的身體就開始產生反應：我的心跳開始加速，呼吸變得淺而急促，手心也開始冒汗。再加上塔身看起來不太穩，更讓我覺得我隨時都有可能會摔死。於是，我大腦的警報系統便發出了警訊，要我躲到安全的地方。但這個警報系統其實比較像是煙霧偵測器。它的職責是偵測環境中可能存在的危險，並且向我提出警告，但它沒有時間把所有的事實都列入考量，只是根據它當時接收到的訊息（包括：我身體所發出的遇險信號，以及我的感官所察覺到的環境資訊），再加上我上次產生這種感覺時的記憶做出反應。然而，我們都知道：煙霧偵測器固然在失火時會發出警報，但在我們烤麵包時，它可能也會警鈴大作。人類的大腦也是如此。

我之所以會有一股強烈的衝動，想要貼近地面，便是我的大腦所做的建議，而我的身體也照辦了（這讓當時在塔頂的其他人都覺得很好笑）。由於那種恐懼感排山倒海而來，我為了保護自己，便做了我所能想到的第一件事情：貼近地面。

我之所以會有這種強烈的衝動，並非因為我的大腦有什麼毛病。事實上，它只是在盡其所能的維護我的安全罷了。然而，問題在於：我當下所採取的行動並不能保障我的安全，只是讓我感覺比較安全罷了。

「要如何消除焦慮感？」這或許是人們最常問我的問題之一。這也難怪。焦慮的感覺輕則會讓人覺得很不舒服，重則會令人崩潰。此外，當你處於焦慮狀態時，你的身體也必須很努力的工作，因此會讓你感到精疲力竭。沒有人會希望自己每天與焦慮共存。

我在比薩斜塔的頂端所採取的行動，其實對我的懼高症並沒有什麼幫助。我極力避開那種恐懼：貼近地面，不看周遭的風景，甚至儘量閉上眼睛，讓自己相信我並不是在一個很高的地方。後來，在我的恐懼尚未消除之前，我就離開了那座塔。當我的雙腳再度踏上「夢幻草原」（The Field of Dreams）的舒適草地時，我立刻鬆了一口氣，我的身體也馬上平靜下來，我的大腦則告訴我：「哇！剛才好危險唷！以後可別再幹這種事了！」我當時做了一切我所能做的事，只求盡快消除那種恐懼，但問題是：那些能夠立刻緩解恐懼感的做法，往往會讓我們遲遲無法掙脫恐懼。

如果當時我具有現在的知識，而且那趟旅遊的目的是為了克服我的懼高症，我就會走到塔頂去眺望四周的風光，雖然心裡還是會害怕，但我會與那種恐懼感同在，不會試圖逃避。我會控制自己的呼吸，把呼吸的速度放慢，並提醒自己：我的身體和大腦之所以會有這種反應，是因為我一直記得小時候置身高處的那種危險感覺。我會反覆告訴自己：我很安全，並設法轉移自己的注意力，想著自己之所以要上來塔頂的原因，並且繼續緩慢地呼吸，直到我的身體感到疲乏為止。我會等到我的恐懼開始消退，身體也平靜下來，才走下那座塔。之後的一段時間，我會儘可能重複這樣的模式，因為我知道，久而久之我的身體就會習慣這樣的情況，我的恐懼反應也會逐漸減弱。

恐懼是人類生存反應的一部份，因此當我們感到恐懼時，會覺得很不舒服，並且萌生強烈的衝動，想要逃跑，然後盡量避開類似的情境。在生死存亡的關頭，這個機制能夠發揮不可思議的作用，讓我們脫離危險。比方說，你在過馬路時如果聽到汽車喇叭聲在很近的地方響起，就會不假思索地衝到路邊去，而且速度快得超乎你的想像。接著，你就會感覺你體內的腎上腺素已經激增。這便是你的恐懼所能發揮的最佳功能。然而，由於這個機制運作的速度如此之快，系統並沒有時間考慮哪些跡象代表危險，哪些可能不是。它只要感受到危險，就會立刻採取行動，保障你的生命安全。因此，我們應該感謝我們的大腦。

在非關生死的情境中，我們仍然會產生同樣的衝動。比方說，如果有人請你在一場會議中發言，你會立刻心跳加速。這時，你的心臟或許是要讓你的身體變得更加機敏，讓你做好上台講話的準備，但如果你把這個現象解釋為恐懼，並且趕緊找個藉口離開會場，而且日後也盡量避免這類會議，你就永遠無法體驗在會議中暢快發言的感覺了。

就長期而言，我們用來即刻消除恐懼的方法，往往會讓我們的恐懼變得愈來愈強烈。每當我們因為害怕而不願意去做某件事情時，就等於是再度確認那件事情是危險的，而且自己沒有能力應付。每當我們因為恐懼而將某個事物排除在我們的生命之外，我們的世界就會縮小一些。因此，**今天我們為了擺脫恐懼所做的努力，將會使那種恐懼得以一直掌控我們的生命，左右我們的抉擇。**

如果我們一直試圖控制並消除心中的恐懼，將會導致嚴重的問題，使得我們的一舉一動都被它所左右。事實上，恐懼無所不在。每當我們面臨自己從未體驗過的情境、要從事創造性的活動，或學習新的事物時，都有可能會感到恐懼。如果我們不願意體驗恐懼，那我們的生命還剩下什麼呢？

本章摘要

- 恐懼會讓我們感到很不舒服，因此我們自然想要消除恐懼。
- 要對抗恐懼，你必須先面對它。
- 逃跑和閃躲只能讓你暫時免於恐懼，但長期而言只會讓你更加焦慮。
- 如果我們一直試圖控制並消除心中恐懼，將會造成嚴重的問題，使得我們的一舉一動都被它所左右。
- 威脅反應必須快速發揮作用，因此它往往在你還沒有機會把事情想得更清楚之前，就發出了警報。

23 哪些行為會讓我們更加焦慮

當我們對某件事情感到焦慮時，本能的反應就是要避開它。我們知道如果我們閃得遠遠的，暫時就不會有危險。但這樣做不僅不能減輕我們的焦慮，久而久之還會讓我們變得更加焦慮。

我們大腦學習的方式就像一個科學家。每當它體驗到一種狀況（無論是正面或負面的），就會記錄下來，以證明它的信念是正確的。如果你一直逃避自己害怕的事物，就永遠沒有機會向你的大腦證明，你能夠應付那樣的情況。如果你光是告訴你的大腦某件事情做起來很安全，這是不夠的。你必須親自體驗才行。

要說服你的大腦，需要花一點時間，因此你必須一再地重複那種行為。**一件事情只要你經常做，就會成為你的舒適區**。因此，**如果你希望減輕你對某件事情的焦慮感，就要儘可能常去做它**。只要你能運用這些技巧幫助自己與那種焦慮感同在，過了一段時間之後，它就會逐漸減輕。

當我們學會面對自己所害怕的事物時，就會變得愈來愈有力量。如果我們能日復一日的這麼做，就會逐漸感受到自己的成長。請想像在接下來的這五年當中，如果你能決定自己想過的生活，不再受到恐懼的驅使，那將會是怎樣的一種光景。

我們用來逃避恐懼的方法很多。如果你對某個社交活動感到焦慮，可能會以不參加的方式來逃避，也可能會在事前喝酒壯膽。喝了酒之後，你的焦慮可能會減輕一些，但這樣一來，以後你參加社交活動時都會覺得你需要喝酒才行。這類「安全行為」（safety behaviours）雖然能夠減輕我們眼前的焦慮，卻不能減少我們未來的恐懼。相反的，它們會讓我們在日後愈發焦慮，並且愈來愈依賴這類行為，使我們活得更加辛苦。

以下，是幾種能在當下減輕焦慮，但就長期而言，卻讓我們無法擺脫恐懼的安全行為。

逃離——無論是在社交情境、超級市場或幽閉空間中，我們感到焦慮時，自然會生出一股衝動，想要盡快離開那裡。

躲避——當你因為不想參加社交活動而拒絕別人的邀請，或者因為擔心自己在超市裡會感到焦慮而選擇外送服務時，就會立刻感到如釋重負，心想：「幸好我今天不用面對這種感覺。」但你愈是逃避，你的焦慮感就會愈發強烈。等到有一天你不得不面對時，就會無法承受。

補償策略——這可能會發生在一個人置身於某種讓他極其焦慮的狀態之後。比方說，如果某人很怕自己會在醫院裡受到汙染或染上疾病，他在離開那裡可能會過度清洗自己。

預期——也稱為「敏化作用」（sensitization）。這指的是我們會預先設想，自己在某種可怕的情境中，可能會面對的最壞情況。我們往往相信這樣做會對我們有幫助，因為我們如果能事先做好準備，就比較不會發生危險，但如果我們沒有做一些建設性的規劃，就有可能會變得過度警覺、憂心，並因而更加焦慮。

尋求安慰——我們在焦慮、不安的時候，可能會想從我們所愛的人那裡尋求安慰，而對方因為不忍看我們難過，往往會很願意安慰我們，以減輕我們的焦慮。但久而久之，這可能會成為一種無法擺脫的習慣，使我們愈來愈依賴對方。我們會經常需要安慰，甚至沒有那人陪著就出不了門。這可能會對兩人的關係造成很大的影響。

安全行為——如果我們不相信自己能夠應付焦慮感襲來時的情況，也可能會開始依賴一些讓我們感到安全的事物。比方說，我們可能會隨身帶著「應急」的藥物，以備不時之需，也可能會走到哪裡都帶著手機，因為在社交場合中，我們只要低頭看著手機，就可以避免和別人交談。

本章摘要

- 當我們對某件事情感到焦慮時，就會本能的避開它。
- 但逃避的行為並無法減輕我們的焦慮。
- 光是告訴你的大腦某件事情沒有危險是不夠的。你必須親自體驗才會相信。
- 要說服大腦，需要花一點時間，所以你必須一再重複你所害怕的那種行為。
- 一件事情你只要常做，就會成為你的舒適區。
- 如果你希望減輕自己對某件事情的焦慮感，就要儘可能常去做它。

24 如何立即舒緩焦慮

如果你為焦慮感所苦，或許會希望能有一種簡單容易、而且立刻見效的方法，可供你緩解當下的焦慮感。許多案主前來接受治療時都曾經表達這種需求，因此我總是會提早教他們這種技巧。這個方法學起來很容易，而且只要花幾分鐘的時間就可以緩解焦慮感，以免情況惡化，導致恐慌症。

當你處於焦慮狀態時，呼吸會變得比較急促。這是因為你的身體必須攝入更多的氧氣，以供應生存反應所需要的能量。

焦慮時，你會覺得自己好像快要喘不過氣來了，於是就加快呼吸的速度，使你的呼吸變得又快又淺，好讓你的身體能攝取大量的氧氣。在這個時候，你如果能試著放慢呼吸，就能使你的身體平靜下來。當你的身體平靜下來後，你的呼吸就會變得變慢。除此之外，如果你能讓你的出息比入息更悠長有力，就可以讓你的心跳變慢。心跳一旦變慢，焦慮感就會減輕。

有些人在這樣做時喜歡採取計數的方式。例如：吸氣時數到七，呼氣時數到十一等等。你可以選擇適合自己的節奏。

如果你能花一些時間練習放慢呼吸，將會獲得很大的好處。這類方法可以立即緩解你的焦慮，而且可以隨時隨地進行，也不會被別人發現。我最喜歡的方法之一，是所謂的「方形呼吸法」（square breathing）。其步驟參見下一單元。

工具箱

方形呼吸法

第一步：注視著某個方形的東西。例如：附近的一扇窗戶、房門、相框或電腦螢幕。

第二步：看著那個方形的左下角，一邊吸氣，一邊數到四，並將你的視線往上移動到方形的左上角。

第三步：閉氣四秒，同時將你的視線沿著方形的頂端移動到右上角。

第四步：一邊呼氣，一邊將你的視線往下移動到方形的右下角，同時再次數到四。

第五步：閉氣四秒，同時讓你的視線回到方形的左下角，然後開始新的回合。

總而言之，你要吸氣四秒，閉氣四秒，呼氣四秒，再閉氣四秒。眼睛看著一個方形的東西具有引導的作用，可以幫助你把注意力放在自己的呼吸上，以免你太快分心。如果你試了幾分鐘，還感覺不到效果，就繼續做，因為你的身體需要經過一段時間才會有反應。

此外，即使在你並不感到焦慮的時候，也要每天做這個練習。如果你練習的次數夠多，當恐懼感來襲時，你就會比較容易使用這個方法。

肢體活動

另一個幾乎立刻有效、而且不太需要練習的方法，就是運動。當你開始出現焦慮反應時，你的肌肉裡會充滿氧氣和腎上腺素，以準備快速移動。如果你不動一動，把那些能量消耗掉，你的身體就會像一個引擎已經啟動、但卻沒地方可去的火箭，使你開始發抖、冒汗，並且很想在屋裡走來走去。

要紓解焦慮，運動是最好的方法之一，因為它順應了威脅反應的自然進程。當你感到焦慮時，你的身體會做好隨時移動的準備。如果你能動一動，就能消耗你體內所產生的能量和壓力荷爾蒙，使它重新達到平衡狀態。

如果你一整天都壓力很大，可以到外面去慢跑，或者花半個小時做做比較激烈的拳擊運動。肢體的活動確實有助紓解身體的壓力，讓你在休息時心情平靜，也比較容易入睡，並且讓你更有活力。

此外，運動也可以有效的預防焦慮。因此，即使是在你並不焦慮的時候，也要試著做點運動，以減少焦慮發作的機會，提升自己的心理健康。

本章摘要

- 我們感到焦慮時，呼吸會變得又快又淺。
- 只要做做深呼吸，並且把呼吸的速度放慢，就可以讓身體平靜下來。
- 試著讓你的出息比入息更悠長有力。
- 過了一段時間後，你的焦慮反應就會開始減輕。

25 如何化解焦慮

九〇年代初期，我還是個小孩的時候，每逢星期五，爸媽便允許我晚一點睡，以便收看《急診室》（Casualty）。那是一個描述醫院急診室所發生的形形色色事件的影集。其中有一集（也是我至今唯一記得的一集）講的是，一個住在一棟公寓六樓男人的故事。有一天，公寓樓下失火了，於是他就被困住了。看完後不久，我躺在床上，腦海裡反覆想著電視劇裡的情節。「如果我們的房子也著火了，那我該怎麼辦？說不定它現在已經失火了呢！我要怎樣才能知道它有沒有失火呢？萬一我沒有及時醒過來，那該怎麼辦呢？或許我應該試著保持清醒，或者把臥房的門打開，去樓下察看一下。」我躺在床上，眼睛睜得大大的，腦海裡演練著各種不同的情景。我想像我把妹妹（她和我同住一個房間）叫醒，打開臥室的門，發現外面濃煙瀰漫，然後就把房間的窗戶打開，大聲求救。想著想著，我便覺得從房門上方的玻璃嵌板透過來的橙色暖光，愈看愈像是火光。我靜靜地躺在床上，整個人陷入癱瘓，四肢根本無法動彈，一直注意聽著外面是否有劈哩啪啦的爆裂聲，等著煙霧瀰漫過來。

那天晚上，我不僅相信我家可能已經失火了，腦裡還不斷浮現火災的場景，彷彿我家真的失火了。各種火災的情節就像電影，在我腦海裡反覆播放。

當你的腦海中浮現了一個令你憂慮的念頭時，你就會像開車經過一樁車禍的現場，根本無法不去注意它。之所以會如此，是有原因的，因為你的大腦正在告訴你，接下來可能會發生什麼事，並提醒你：如果有可能發生最糟的情況，那你最好事先做好準備。

正如我在前一章中所說的，大腦的作用有點像是一個煙霧偵測器。當它察覺周遭有任何威脅時，你的警報系統就會被觸發，命令你的身體進入生存模式。這便是所謂的「戰或逃反應」（fight or flight response）。這時，你的身體就會準備把那個造成威脅的事物擊退，或者趕緊溜之大吉。

房子一失火，煙霧偵測器的警鈴就會響起。這是我們為了生存必須要有的裝置。焦慮感也是一樣，而且就像煙霧偵測器，即便我們並非真的身處險境，它也可能會被觸發。然而，就算你家的煙霧警報器在你把土司烤焦時發出了聲響，你也不會因此就把它拆掉。事實上，只要你明白它的功能和運作的原理，就可以設法做一些調整。例如：趕緊把窗戶打開等等。同樣的道理，我們也無法去除我們的焦慮感（也不會想要這麼做），但可以試著瞭解，是什麼原因使得我們的焦慮感加劇，並設法做出一些調整，看看自己是否真有理由如此焦慮，然後再據以採取行動。

把距離拉開

想法並非事實，只是一些揣測、故事、記憶、概念和理論，是你的大腦對你當下所體驗到的種種，所做的一種詮釋。它們之所以並非事實，是因為它們會受到一些因素很大的影響。那些因素包括：你的身體狀態（如：荷爾蒙、血壓、心跳、消化和補水情況等等）、你的感官，以及你的回憶。

這意味著：那些令我們焦慮的想法（以及其他所有想法）之所以能影響我們，是因為我們相信它們，認為它們反映了現實。因此，要消除那些想法對我們的情緒狀態的影響，最好的辦法就是先和它們拉開距離。但這些想法就在我們的腦子裡，我們要如何和它們拉開距離呢？

有幾個方法可以幫助我們做到這一點。其中之一便是，「正念練習」。這種練習能幫助我們覺察自己的想法，並任由它們生生滅滅，不隨之起舞。此外，你也可以練習覺察，我們在焦慮時很容易出現的一些思考偏誤。當你看出自己的某個想法只是一種帶著偏見的揣測時，就能和它拉開距離，並將它當成你可以採取的諸多觀點之一，進而考慮其他的觀點。

要和令人焦慮的念頭拉開距離，還有一個方法，那便是：使用帶有距離感的語言。

這種做法可以緩和我們的情緒。舉個例子，與其說：「這次演講時，我一定會出醜。」你可以說：「我腦子裡有一些想法，認為自己可能會出醜。我發現這些想法使我感到焦慮。」你剛開始用這種方式思考或說話時，可能會很不習慣，但這個方法確實可以幫助你和那些想法拉開距離，把它們當成一個經驗，並不能代表你。

另外一個辦法（也是我個人最喜歡的方法）就是，把那些想法寫下來。除了令你焦慮的想法之外，其他想法也可以比照辦理。**無論什麼時候，只要你想和自己的想法拉開距離，並嘗試從新的觀點看待自己的情緒或處境，就可以把自己的想法和感受通通寫下來。當你看到自己所寫的東西時，或許就能夠以超然、客觀的態度，詮釋你當下所體驗到的種種。**

讓心情變更糟的思考偏誤

我們在焦慮的狀態下，經常會出現一些思考偏誤：

把情況想得過於嚴重

這裡指的是，你一下子就想到了最糟的情況，並預期這是接下來可能會發生的事。那些畫面就像一部恐怖電影，在你腦海中反覆播放。事實上，這種情況並不一定會發生。但是當我們反覆想著它，並且認定那就是事實時，我們就會變得愈發焦慮。在前一章中，我曾經提到我從小就有懼高症。當我置身比薩斜塔的頂端時，一直認為自己就快死了。這種想法就是把情況想得過於嚴重。事實證明，那只是一個可能性而已，因為後來我又走下樓梯，繼續渡我的假。

認為別人的行為是衝著我們來的

這裡指的是，我們因為所知有限或認識不清，而認為別人的行為是衝著我們來的。比方說，當我走在街上時，看到對街有個朋友，立刻喊她的名字並且向她招招手，但她卻沒有理我，於是我就立刻認定她這種行為是衝著我來的，心想：「她一定很討厭我。想必我說的一些話冒犯到她了。或許我們的朋友們都在議論我。我原本以為自己有幾個朋友，現在才知道根本不是這麼回事。」

但事實上，她之所以如此，可能有其他許多原因。或許她沒聽見我在喊她。或許那天她剛好沒戴隱形眼鏡，所以沒看到我。或許她剛剛和家人大吵一架，沒辦法和任何人說話，以免當街掉眼淚。或許她正做著白日夢。或許還有其他種種的原因。我之所以會認定她的行為是衝著我來的，是因為我們的大腦一直在偵測環境中所存在的威脅。當我的朋友突然開始討厭我時，那就是一個徵兆。

心理過濾

這裡指的是：我們在焦慮時，往往會特別注意那些讓我們更加焦慮的資訊，而忽略那些能緩解我們焦慮的資訊。舉個例子，假設你在社群媒體上發表了一篇貼文，得到了五十則留言，其中四十九則都是肯定你、鼓勵你的，只有一則是負面的，而且指出了某個你自己原本就沒什麼把握的點。如果你把注意力放在那一則負面留言上，而忽略其他四十九則，那就是所謂的「心理過濾」現象。當我一心想著比薩斜塔快要倒了，卻沒有考慮到它已經聳立了好幾百年，而且還有一大群專家經常監測它的安全性時，我無疑也是受到了「心理過濾」機制的影響。

由於大腦的職責就是要保障我們的安全，因此它自然會把注意力聚焦於那些對我們構成威脅的訊息上。如果我們已經感受到壓力或有了焦慮感，我們的大腦就更加這麼做。當它接收到來自身體的訊息，察覺情況不太對勁時，就會開始掃描周遭的環境（以及你的記憶）以尋求可能的原因。這時你就會出現心理過濾現象，因為你的大腦正設法瞭解你的焦慮症狀從何而來。但如果我們知道那是一種心理過濾現象，就能看出我們所聚焦的訊息是有偏差的，並選擇注意其他的訊息。

以偏概全

這指的是我們把一個經驗套用在所有經驗上。假設你參加一次求職面試，結果沒被錄取，於是你就想：「我看我是永遠都找不到工作了！那麼，再應徵別的工作有什麼意義呢？」或者你在和情人分手後，心想：「我把每一段關係都搞砸了，所以，以後我永遠不要再和別人交往了！」這些都是以偏概全的想法。這類想法會使我們更加焦慮，其原因有二。首先，這種想法會讓我們的情緒變得更加強烈，因為它把單一的問題變成了一個更大的、攸關一生的問題。其次，它往往會使我們日後迴避同樣的情境，並因此愈發感到焦慮，也更難面對那樣的情境。

貼標籤

貼標籤和以偏概全類似，但它指的是以你在一個事件或一段時期中的表現，來判定自己是個什麼樣的人。

如果你因為自己在某段時期有焦慮的現象，就把自己歸類為一個焦慮的人，你就會形成一個自我概念，認為自己屬於這一類人，並預期自己以後會一直焦慮下去，這便是為自己貼上了一個「焦慮的人」的標籤。但事實上，我們的每一個情緒、行為和階段都是一時的，不見得代表我們永遠都是這樣。

因此，當你發現你為自己貼了某個標籤，把自己歸類為某一種人時，就要趕緊打住，因為這樣會影響到你日後的情緒。如果你認清那個經驗只是一時的，就會瞭解你的經驗並不等同你這個人。畢竟要改變一個焦慮的人要比減輕他的焦慮感困難得多。

查核事實

既然我們的想法之所以會影響我們，是因為我們相信它反映了現實世界的情況，因此，「質疑自己的想法」，或許可以幫助許多人減輕焦慮。如果你因為一個想法而感到痛苦，不妨設法釐清它究竟是一個子虛烏有的念頭，還是一個真正值得你焦慮的事實。剛開始時，在事件過後進行會比較容易。如果你發現自己有一些令你焦慮的想法，可以依照下列步驟對它們提出質疑。

1. 寫下令你焦慮的想法。
2. 拿一張紙，在中間畫一條直線，形成兩欄。然後，你要像律師在審查事證一般，在第一欄列出所有足以證明那個想法有事實根據的證據，而且要能夠在開庭時成為呈堂證供的那些證據才算。
3. 在第二欄列出，你認為那個想法並非事實的證據。
4. 假如結果顯示那個想法並不如你起先所認為的那般反映現實，你就可以考慮換個角度來看。

這個練習雖然非常簡單，卻能幫助我們鬆動我們對某個想法的信念，讓我們得以考慮其他的解讀方式。

不過，如果你在做這個練習時，開始和自己爭辯某一個想法究竟是否反映現實，那麼這個方法對你就沒有多大幫助了。如果發生了這種情況，你可以改用其他能夠幫助你和那個想法拉開距離的方法。

轉移注意力

二〇一〇年元旦，我穿上了一件硬面的藍色連衫褲工作服，閉著眼睛把前面的拉鍊拉上後，便有如做最後一次呼吸，深深地吸了一口氣，感覺有點想吐。我用手揩著工作服的前襟，把手心上的汗擦乾，然後便睜開眼睛，看到馬修正朝著我咧嘴而笑。

「準備好了嗎？」他的嘴巴咧得很開，彷彿嘴裡塞了一個掛鉤。

我沒有笑。

「還沒。」我又吸了一口氣，肩膀聳了起來。我嘛著嘴巴把氣呼出來時，肩膀仍然聳得高高的，而且很緊繃。「我當初怎麼會同意這樣做呢？」我心想。我們朝著通往雪梨港大橋下面的那扇門移動。我點了點頭，告訴自己我一定可以做得到。不久，我們來到了一條狹長的鐵格柵走道上。從腳底的柵縫可以看到地面。我忍不住罵了幾句髒話，雙手緊緊抓住兩邊的鐵欄杆，實在很想哭。馬修問我好不好，並要我繼續往前走。這些話就像一根火柴，點燃了我胸中的怒火，於是我便對他開罵了。

「我是在往前走呀！這到底是誰出的鬼點子？我一點也不喜歡！」接著我意識到自己還在橋底下，而且情況愈來愈可怕了。當我們爬著樓梯上橋時，我兩腿的肌肉開始猛烈地抖動，讓我還沒走就開始疼了。我彷彿聽到自己正在發出一些微弱的、介於嗚咽與呻吟之間的聲音。我知道自己已經無法回頭了，只好一步一步地往前走。到達標高一百三十四米的橋上時，我們的嚮導便停下了腳步，轉過身來。

「他幹嘛要停下來？他幹嘛要停下來？」我嘴裡又喃喃地罵著更多的髒話。

他介紹了一下那裡的風景，但我一點也不感興趣。接著，他請大家轉過身往後看。我不想讓我的任何一隻手離開鐵欄杆，於是仍舊緊緊抓著，試著盡量把身體往後轉。

就在這時，我看到馬修跪了下來，手裡拿著一個裝了戒指的盒子。

那一瞬間，我的眼裡湧出了淚水。為了把整個身體都轉過來，我的雙手暫時放開了鐵欄杆，但旋即又再度抓緊。

在那個美好的時刻中，我的手始終緊緊地抓著欄杆。

眾人鼓掌喝采後，我們便開始繼續往前走，穿過橋中央，從另外一邊下去。我利用這個時間問馬修是如何安排這個場面的。當我們過了橋，走下另外一邊的階梯時，他向我說明了事情的始末。我聽著聽著，時而微笑，時而大笑，並且頻頻搖頭。馬修說，他那些住在雪梨的親戚以及和我們一同前來的家人，此刻正在階梯對面的那家飯店裡看著我們。我往那裡張望，看到他們一個個都在向我們招手，我也揮了揮手，並且把另一隻戴著戒指的手舉得高高的。

然後，我意識到一件事：當時我並沒有扶欄杆。事實上，下橋時，我全程都沒有扶任何東西。

人類的大腦每一天、每一秒都在接收並處理大量的訊息，但外界所傳來的訊息無窮無盡。如果你的大腦試著處理每一則訊息，你將無法運作。因此，它會選擇要把焦點放在哪些訊息上。我們的注意力就像一盞聚光燈。我們可以控制這盞燈，但我們無法決定要讓哪些演員上台，也不能決定他們會在台上待多久、說些什麼或何時退場。我們只能一次把聚光燈打在其中一兩人身上。如果我們把注意力的焦點放在那些令人焦慮的念頭上，老是想著最糟的情況，擔心自己無法應付，那些念頭就會把訊息反餽給大腦，告訴它情況不妙。當你把注意力的聚光燈轉移到另外一些想法上時，它們同樣也會影響你的身體反應。這時，其他那些念頭可能還在，等著你再度把聚光燈打在它們身上。但沒有了聚光燈，它們對你的情緒就沒有這麼大的影響了。

我訂婚時的場景是一個頗為極端的例子，但它一直留在我的腦海中，讓我明白當我們轉移注意力的焦點時，可能產生的效果。那天上橋時，我一直在想自己可能會發生什麼意外，但下橋時，我滿腦子想的都是以後的生活。

我們當然不可能指望，每天都有一場突如其來的求婚儀式可以轉移我們的注意力，讓我們暫時忘卻腦海裡那些可怕的念頭，但我們可以選擇要把自己的注意力放在那裡。這是一個很有效的方法，但這和壓抑自己的想法是不一樣的。事實上，當你試著驅除腦海裡的某個念頭時，反而會更常想到它。所以人們才會被某個念頭困住，無法擺脫。換句話說，你愈是不願意去想某件事情，就愈會想到它。這是因為當你想要擺脫那些令人焦慮的念頭時，你已經把注意力的聚光燈打在它們上面。當你選擇把聚光燈打在其他的念頭上時，那些令你焦慮的念頭可能還是會留在那兒，你還是可以察覺到它們的存在，但這時它們已經不是主角了。

當那些令你焦慮的念頭浮現，而你把注意力放在它們上面，並且開始翻來覆去地想著即將到來的那個可怕的事件時，你的身體便會產生一些反應。不僅如此，每當你在腦海裡想著最壞的情況，想著某件可怕的事情即將發生而你卻無能為力時，你就會製造出一個經驗，而且這個經驗會被你的大腦用來建構你對這個世界的概念。你愈是反覆地想著那個情景，你的大腦就愈容易再現這個經驗。

你把注意力的聚光燈打在什麼地方，你就會創造出什麼樣的經驗。因此，如果你能學會如何控制那盞聚光燈，將會對你的情緒大有助益。

可是，如果思想的舞台上沒有其他演員，那我們該怎麼辦呢？當我們已經習慣焦慮時，該如何轉變想法呢？

不一樣的自我對話

令人焦慮的念頭都是聚焦於我們所面對的威脅上。當這些念頭縈繞在我們的腦海中，揮之不去時，它們就會把訊息反餽給我們的身體和大腦，增強我們的威脅反應。如果我們想降低這些威脅反應，就必須把注意力轉移到能幫助我們平靜下來的事物上。

我兒子在兩歲半時動了一個手術。當時他的臉腫得很大，連眼睛都看不到了。他睡了一個午覺，醒來時發現自己的眼睛睜不開了，只能聽到他住的高依賴病房裡的各種奇怪的聲響。包括：機器發出的嗶嗶聲、人來人往的腳步聲，以及一些陌生人的聲音。於是，他瞬間產生了威脅反應，開始大聲尖叫，並吵著要找我。沒人可以安慰得了他，直到我回到病房，摸著他的手，跟他說話，他才平靜下來。當時，我無法讓他的眼睛睜開、消除他的痛苦，也沒有任何神奇的咒語可以讓這一切都消失不見。我只是平靜地靠在他的耳朵旁邊說話，告訴他我就在他身邊、他很安全而且我會在那裡陪著他，哪兒也不去。令人驚訝的是，從那時起，他便接受了他的處境。接下來那幾天，雖然他的眼睛仍舊看不見，他卻能夠像平常那般玩著玩具，自得其樂。儘管他的情況並未改善，但因為他受到了疼惜，於是便有了足夠的安全感，得以面對這個世界。

來自他人的善意與疼惜可以降低我們的威脅反應，讓我們更有安全感。無論那些善意是來自另一個人或自己，都可以達到同樣的效果。如果你能改變對自己說話的方式，你的大腦就會產生不同的化學反應，你的情緒也會跟著改變。

要改變對自己說話的方式，做起來並不容易。如果你一輩子都在批評自己、抨擊自己，那麼偶爾疼惜自己一下，並不足以造成什麼改變。所以你必須終生不斷練習。但這樣做可以改變你的一生。請記住，要疼惜自己並不見得容易。所謂「自我疼惜」，並不是要你告訴自己沒有什麼好怕的，而是像個教練一樣用平靜、堅定的聲音鼓勵自己、支持自己，並提醒自己：「你一定能夠渡過這一關。」

我很喜歡用的一個方法，就是問自己：如果我現在正在陪伴一個朋友渡過難關，我會對他說什麼？怎麼說？最好的教練不是那種會衝過來救你的人，而是一個對你坦誠相待，並且會鼓勵你找到內心的力量來設法渡過難關的人。唯有如此，你才有可能發現屬於自己的力量。

重塑認知架構

在我的臨床訓練結束後，我必須參加一次口試。這種考試比較像面談。你要坐在一群專家前面，回答有關你所做的研究的一些問題。口試那天，我到了學校，進入了等候室（參加口試者得坐在那兒等著被叫進去）。我坐在那兒聽著自己的心臟撲通撲通狂跳。這時，一個和我一起受訓的人淚流滿面地從口試室裡走了出來，回到等候室。當一位工作人員用手搭著她的肩膀，帶她走出等候室時，她還在啜泣。頓時，等候室裡所有的人都睜大了眼睛，驚恐地面面相覷，心裡七上八下。我站了起來，走到外面，正好遇見了一個助教。他祝我好運，接著便給了我一個忠告。那是我這輩子所聽到的最棒的勸告之一。

他叫我要試著享受這次考試。他說，這是一個很好的機會，讓我能展現自己在受訓期間學到的所有知識，以及我所做的一切。這輩子只有這麼一次，有人會把我的論文從頭到尾讀完，並且真的對它產生興趣，因此我應該利用這個機會和他們交流。我聽罷，便點頭、微笑，回到了等候室。直到口試過後，我才意識到他當時給了我什麼樣的幫助：他讓我得以重新看待那次口試的經驗。儘管當時我所面臨的情況仍然給我很大的壓力，但經過他的指點後，我不再像是一隻突然被車前大燈照到的驚慌兔子。相反的，我把那次口試當成了一個好玩而刺激的挑戰，然後便勇敢面對。

當你遇到被你視為威脅或你自認無法應付的事情時，也可以用同樣的方法面對。這並不意味著，你不承認那件事情所包含的風險。以那次口試的經驗為例，我仍有可能無法過關，但如果我把注意力完全放在可能會有的風險之上，我的壓力反應可能會大得多，也就不太可能會有什麼良好的表現了。

所謂「重塑認知架構」，就是以一種能夠幫助自己渡過難關的方式，去重新詮釋你所面對的情境。如果我們能把某個經驗當成挑戰，就比較不會產生逃跑的衝動，而會試著奮力一博，讓自己能朝著想要的方向前進。下面這個步驟，則可以幫助我們重塑自己的認知架構。

考慮自己的價值觀

當焦慮的想法盤踞我們的腦海時，我們必須轉而思考，什麼事情對我們是最重要的。令我們焦慮的念頭，對我們並非全無好處。它們能促使我們做出決定，採取行動，尤其是在我們面臨生命危險的時候。但如果我們能根據自己的價值觀，以及我們所重視的事情做出決定，我們的生命將會變得更加豐富充實。

要做到這一點，有一個很簡單的辦法，那便是：問自己一些問題。例如：「為什麼這件事對我來說這麼重要？一年後，當我回想此刻時，我會為自己的什麼行動或反應感到自豪，並慶幸自己那樣做了？面對當下的情境，我想做一個什麼樣的人？代表什麼樣的價值觀？」

你的價值觀也是你自我的一部份。如果你能明白自己想做一個什麼樣的人（例如：富有冒險精神、強壯健康，還是擅於交際、待人親切的人？），你在焦慮時就會比較容易重塑自己的認知架構。比方說，如果你因為要和別人談話而感到焦慮，但你已經決定要做一個擅於交際、親切友善的人，你就比較知道自己在社交場合該如何表現。如果你希望自己做一個勇敢的人，就可以問自己：「在這樣的場合，我該怎麼做？要如何才能展現我的勇氣？怎樣的行為舉止，才能讓我在今晚寫日記或明年回顧此刻時，感到自豪？」

本章摘要

- 你可以試著辨識自己的思考偏誤，以便和那些令你焦慮的想法拉開距離。
- 記住：即使焦慮的念頭不斷浮現，你還是有能力決定自己要把注意力放在哪裡。
- 如果有人（無論是別人還是我們自己）疼惜我們，就可以減輕我們的威脅反應。
- 如果我們能轉個念頭，將威脅視為挑戰，就會有勇氣面對困難。
- 你要根據自己的價值觀行事，這樣你做出的決定才會符合你的價值觀，而非出自恐懼。

26 害怕死亡

在所有令人害怕的事物中，最讓人畏懼的莫過於死亡了。我們都知道自己的生命勢必有告終的一天，只是不知道自己會在什麼時候、以什麼方式死去。這種不確定感成了我們生命中不斷浮現的隱憂，使我們無法全然享受當下的平安與滿足。一想到自己會死，我們可能立刻感到驚慌失措，並且覺得生命似乎沒有什麼意義可言。

有些人因此終日惶惶不安，擔心自己隨時可能會死。有些人則會以較輕微的形式表現出來。例如：擔心自己的健康、不敢冒險等等。兩者都有可能會影響、甚至破壞我們的生活品質。

有人認為有許多心理健康問題，其實是源自對死亡的恐懼（Iverach et al., 2014）。我們之所以會為自己的健康感到憂慮，害怕生病、住院，就是因為擔心自己可能會死。恐慌症之所以會發作，經常是因為當事人在感覺自己的心臟跳得很厲害時，就以為是心臟病發作了，害怕自己會死掉。人們之所以會罹患各種恐懼症（例如：懼高症、怕蛇，或暈血症），都是因為他們認為自己在接觸到那些事物時，更有可能會死掉。

在我們的生活中，死亡的陰影無所不在，但我們無法終日活在恐懼中，於是便會以各式各樣的安全行為保護自己，讓自己免於死亡的威脅。比方說，我們可能會拒絕從事冒險活動，也可能會追求名聲或財富，讓自己得以永垂不朽，或者努力與他人連結，希望他們能記得我們。這些都是很正常的反應。史丹福大學精神病學榮譽教授歐文・亞隆（Irvin Yalom），在他的著作《凝視太陽》（*Staring at the Sun*）中，將死亡說得很好：

「要時時刻刻意識到死亡並不容易。那就像是試著凝視太陽一樣。過不了多久，你就無法忍受了。」

他並且指出：「儘管死亡本身會毀滅我們，但死亡的概念卻會讓我們得到救贖。」就這個意義而言，我們似乎不需要把我們對死亡的焦慮，當成一種令人不快的感受，並設法加以排除。如果我們能直面死亡，或許就能為自己的生命找到新的意義與目標。在接受「人皆有死」的事實之後，我們可以決定要賦予自己的生命何種意義，並以更審慎的態度生活。同樣的道理，我們賦予死亡的意義，也可能會影響我們今日的快樂與幸福（Neimeyer, 2005）

我曾經針對那些在罹患乳癌之後存活下來的患者，做過一項研究。她們當中有許多人都表示：她們在面對死亡時，生命出現了正向的轉變。儘管瀕臨死亡的經驗讓她們產生了很大的恐懼，但也讓她們開始重新思考人生的意義，而且創傷反應愈強烈的人，事後成長的幅度愈大，正向的轉變也愈多。

但我們並不一定要如此逼近死亡，才能正視它對我們的意義。「接納與承諾療法」（Acceptance and Commitment Therapy，簡稱ACT），**讓我們可以藉著想像自己的葬禮，或想著那些已經辭世的偉人，來探討死亡的意義，思索在生命終將結束的情況下，我們該如何生活**。這樣做可能會為我們帶來心靈上的衝擊，讓我們做出轉變，其過程或許痛苦，但卻能使我們做出更好的選擇。舉例來說，你可以想像：如果你能依照自己所重視的原則過活，這樣的生活會是什麼樣子？如果你照著自己所選擇的意義與目標來生活，你每天會做些什麼？你會為了什麼事情而努力？會捨棄什麼？你會投入什麼工作（即使你可能無法完成）？

如果我們能以這種方式探討死亡，就能釐清現在我們該做什麼。

既然我們終有一死，因此要根除我們心中對死亡的恐懼似乎是一件不可能的事，而且這樣的恐懼也是可以理解的。但有時，我們會對死亡有一些不切實際的想法。例如：「我死了，我們這個家就垮了。」或「死亡的過程是很痛苦的。」以致於讓我們的恐懼加劇，甚至嚴重到了干擾日常生活的程度。

當我們對別人談論自己對死亡的恐懼，大多數人都會試圖安慰我們，說這是很久以後的事。這類的話固然都是出自好意，但對我們並沒有什麼幫助，因為我們都知道自己總有一天會死，而且事前可能毫無徵兆。就算我們為了逃避對死亡的恐懼，試圖說服自己一時之間還不會死，但爾後當我們面對生命的無常，勢必還是會產生這樣的恐懼。

我們需要全然地接納死亡的確定性（它是生命的一部份，必然會來臨）以及不確定性（它不知會以何種形式到來）。有些人認為死亡使生命有了意義。有些人則試著不去想它，認為他們只要盡量趨吉避凶，死亡就不會到來，於是便迴避任何與死亡有關的事物，不願談論死亡，也不想看見任何與死亡有關的場面。遇到那些被他們認為有危險的事物時，他們更是避之唯恐不及，而且他們對死亡愈是感到焦慮，就會把事情看得愈發危險。

這時，他們可能就會出現各式各樣的恐懼症。除非我們能夠處理自己對死亡的恐懼，否則即使我們消除了一種恐懼症，過不了多久，必然會有另外一種恐懼症出現。

那麼，如果我們對死亡深懷恐懼，而且知道自己終究無法免於一死，那該怎麼辦呢？歸根究柢，如果我們希望充分體驗生活，而不致於讓我們的日常生活，因著我們對死亡的恐懼而受到恐懼，就必須設法接納死亡，將它視為生命的一部份。所謂「接納死亡」，指的並不是我們希望死去，而是不再努力對抗死亡，因為它不是我們所能控制的。

接納死亡並不等於放棄生活。事實正好相反。當我們接納了死亡，就得以賦予生命

若干意義。反過來說，**而當我們感覺生命有了意義、並努力過著有意義的生活時，我們也能夠將死亡視為生命的一部份。**

這將會改變我們的生活方式，使我們得以依照自己的價值觀過著有意義的生活，把更多的心思花在那些真正重要的事情上，並且朝著自己的目標邁進。

當我們因為某個親朋好友的死而感到悲傷時，也會意識到自己終將死亡的事實。我們會想：「如果那人可以像這樣說走就走，這樣的事情也可能會發生在我身上。這對我和我的人生而言有什麼意義？我現在過的生活又有什麼意義？」

改變我們對死亡的看法

人們會透過各種不同的方式逐漸接納死亡。以下是由 Gesser、Wong 和 Reker，三人（1988）所提出的三種方式。

- **趨近導向的接納**（approach acceptance）——人們因為相信死後仍有生命，或者可能會進入某種形式的天堂，而得以逐漸接納自身的死亡。
- **逃避導向的接納**（escape acceptance）——那些在生命中承受極大苦痛的人，可能會接納死亡、甚至擁抱死亡，因為他們認為死亡有可能使他們得到解脫或免於受苦。

- **中性的接納**（neutral acceptance）——不嚮往死亡，也不把死亡當成逃避痛苦的方式，而是將它視為生命中一個很自然、無法控制的部份。

試試看

在「接納與承諾療法」中，有時心理師會請案主想像他們在「撰寫自己的墓誌銘」。如果你能在自己的墓碑上寫幾行字，你最想寫的是什麼？這樣做的目的，並不是要你去揣測別人對你的看法，而是讓你得以探索自己的理念與價值，也就是你從今天起想要實踐的生命意義（Hayes, 2005）。

如果你在做這種練習時感覺很吃力，最好在治療師的協助下進行。

你可以試著探討自己對死亡的看法。其中有些是否加深了你對死亡的恐懼。我們每一個人對死亡都有許多想法，其中有些對我們有幫助，有些則對我們有害。舉例來說，如果我們認為自己沒有道理會死，那麼當我們想到死亡時，很可能會感到更加焦慮與痛苦。因此，你不妨想一想自己是否有這類想法，並質疑它們的合理性。不過，有時這樣做可能會讓你產生強烈的情緒，因此你不妨找個你信得過的人（一個熟人或一位能指點你的治療師），請他們陪著你做。

工具箱

以書寫揭開我們對死亡的恐懼

如果我們能把自己對死亡的恐懼寫下來，就能以一種超然、冷靜的態度探索這些恐懼，並從中得到一些洞見與發現。在這個過程中，你可以隨時停下來，等到自己做好準備時，再回頭繼續寫。

要面對死亡的恐懼並不容易，因此如果你能找到一位受過嚴格訓練的治療師幫助你，效果可能大不相同。如果你找不到這樣一位治療師，也可以找一個你信得過的朋友或你所愛的人。他們或許也能給你很大的支持，因為害怕死亡是我們大家共同面臨的問題。

當你在書寫、進行心理諮商，或和你所愛的人，談論你對死亡的恐懼時，可以問自己以下這些問題。

- 關於死亡，你害怕什麼？這些恐懼如何表現在你的日常生活裡？

- 你對死亡有哪些看法和別人不同？
- 這樣的差異說明了什麼？
- 你過去關於死亡的經驗，如何形塑了你目前對生死的看法？
- 你會做哪些事來讓自己免於死亡？
- 你希望你的生命有什麼意義或彰顯什麼理念？
- 你希望在身後留下什麼印記？
- 無論現在或未來，你可以在現實生活中採取什麼行動或做出什麼選擇，來實踐你的生命意義？
- 如果你希望很久很久以後，當你在生命的盡頭回顧你現在即將展開的這個人生階段時，臉上能夠帶著微笑，對你所做的選擇以及生活方式感到心滿意足，你現在必須過著怎樣的生活？
- 如果你希望你人生中的下一個階段是你一生中最有意義、最有目標的一個階段，那麼其中會包含什麼？
- 你要如何看待死亡才能提升你的生命品質？

本章摘要

- 人類對死亡的恐懼，包含了：對已知事實和未知事實的恐懼。
- 有些人在瀕臨死亡時會有所成長，他們的生命也會出現正向的轉變。
- 接納死亡並不等於放棄生命。事實正好相反。
- 如果我們能接納死亡，就能夠為生命找到意義。

VII

壓力

27 壓力是否和焦慮不同？

壓力與焦慮是兩個已經被用來統稱許多種不同經驗的名詞。我們經常會聽到人們說，他們因為壓力很大，所以變得更加焦慮，或者因為焦慮而感覺壓力更大了。結果就是這兩個字眼被大多數人混用，藉以描述各式各樣的經驗。他們可能會說，他們因為要趕在最後期限之內把工作完成，而覺得壓力很大；也可能會說，他們因為浴室裡出現了一隻蜘蛛，而感到焦慮。當你到了郵局後發現你必須排隊等候寄信，以致上班可能會遲到時，可能會感到有壓力。但當你失了業又付不出房租時，你可能也會說你的壓力很大。另外一個人則可能會說，以上這兩種情況都讓他感到焦慮。

但你會發現在本書中，壓力和焦慮各有專章，分別討論。我們所謂的「壓力」，是透過大腦中負責情緒的機制產生的（Feldman Barrett, 2017）。你的大腦會不斷透過來自身體的訊息，瞭解外在環境對你的要求，並試著計算你需要使出的力氣。它必須讓你的身體所產生的能量，剛好足夠應付外界的要求，以確保這些能量一點都不會被浪費掉。當我們感覺自己內在的生理狀態很符合環境的要求時，即使有壓力存在，我們大多會將它解讀為一種正向的感受。例如，當你滿懷興奮，準備要參加一場大型的體育賽事的時候。但是當我們的內在狀態不符合外界的要求時，我們往往就會認為那是一種負面的經驗，就像我們明明已經很疲倦，卻因為緊張不安而難以成眠，或者當我們的壓力大到無法集中精神答題或回答面試官的問題。在這種時候，我們往往就會如自己所預期的那般，無法應付眼前的要求。

壓力與焦慮兩者都和一個人的警覺狀態有關。但在本書中，焦慮指的是，隨著上述的經驗而來的恐懼以及過度的憂慮。相較之下，你在郵局排隊時所感受到的壓力則不相同。如果你在隊伍中感覺有壓力，可能是因為你那天還有很多別的事情要做。這樣的壓力會讓你提高警覺，幫助你做出決定，看是要繼續排隊，還是調整你的辦事順序，先去做其他該做的事。如果你當時所感受到的是焦慮，那很可能是因為接下來你預期可能會發生某件不好的事情或遇到某種危險，因而感到憂慮。

因此，儘管壓力和焦慮產生的機制相同，卻是兩個不同的概念。如果你躺在床上的時候，聽到了樓下玻璃碎裂的聲音，你會立刻產生壓力反應（但你很可能會以為那是焦慮和恐懼），並且萌生一股衝動，想要擊退那個入侵者或者趕緊逃跑。但是當你面臨可能失業的威脅，或者必須一邊工作、一邊照顧小孩、蠟燭兩頭燒時，你也會產生壓力反應，但因為這兩種情況都沒有立即的危險性，你不能像前面那個例子一樣，選擇迎頭對抗或趕緊逃跑。

因此，儘管我們將壓力反應簡化成「戰或逃」的衝動，但實際上它還是會以各種不同的形式出現。在不同的情況下，我們所分泌的各種荷爾蒙的比率、心血管狀況的變化，以及其他各種生理反應，可能各不相同。這些差異加起來，便形成了不同的心理經驗和不同的行為衝動。

當我們的大腦要我們準備去做某件事情時，我們就會感受到壓力。無論你早上要起床、要開始做工作簡報，還是要開車，你的大腦都會釋放出能量，讓你提高警覺，以確保你能做好準備，以應付你正在面對的各種要求。皮質醇被視為一種有害的壓力荷爾蒙，但其實它能讓我們的身體迅速把能量以葡萄糖的形式送入血流中做為燃料。當你產生了壓力反應時，你的肺部與心臟會開始加速運作，把你需要的能量（由氧氣和糖分所形成）運送到你的肌肉和腦部。接著腎上腺素和皮質醇會幫助你的肌肉，以最有效率的方式運用那些能量，讓你準備應付眼前的挑戰。這時，你的身體會以最有效的方式運作。你的感官會變得更加敏銳，你的大腦處理訊息的速度也會更快。

你的大腦釋放出那些能量後，會期待之後能夠得到適當的休息與營養。當它沒有得到時，就會處於匱乏的狀態。如果這種情況一再發生，你的身體就無法補充到足夠的資源。比方說，如果你睡眠不足或吃得不好，或者每天和你的另一半吵架，這種匱乏的狀態就會愈來愈嚴重。久而久之，你的身體就會變得枯竭，難以防禦自己，於是你就很容易生病了。

如果你面臨的是攸關生死的威脅，你就會產生「戰或逃」的反應。但是當情況雖然對你造成了壓力，但並不構成立即性的威脅時，你比較可能會出現「挑戰反應」（challenge response）。這種反應會使你能夠以類似的方式迎接挑戰，但你所感受到的並非強烈的恐懼，而是一種想要有所行動的感覺。

當我們預期自己將會遇到某個壓力事件，必須努力應付時，我們就會產生「預期性的壓力」（anticipatory stress）。比方說，當你知道你在下週即將舉行的求職面談中會很緊張時，你就會事先預期那樣的狀況。當我們搞錯了情況，一直預期自己會遇到無法應付的挑戰時，我們就會開始害怕那種壓力所帶來的生理與心理上的不適，並因而感到焦慮。當我們的壓力反應是由實質的威脅所引發時，我們的身體就會採取行動，保障我們的安全。一旦我們重獲安全，我們的身體就會回到平常的狀態。但如果我們壓力反應是由心理因素所引發，我們的身體就會長期處於不穩定的狀態，無法恢復平靜。這將會影響到我們的身心健康與行為。（Sapolsky, 2017）。

本章摘要

- 壓力和焦慮這兩個字眼經常被混用。
- 當我們能夠應付環境對我們的要求時，即使其中包含某種壓力，我們的感覺也是正向的。
- 所謂的「壓力」，是我們的大腦讓我們做好準備，以便採取行動的一種機制。
- 大腦會讓身體釋放出能量，讓你提高警覺，以應付當下的情況。
- 我們認為焦慮主要是出自恐懼，但它其實是壓力反應的一種形式，目的在滿足你當下的需求。

28 為何我們不能設法減壓

大致上來說，當我們感覺壓力很大時，如果能設法把壓力減輕是很不錯的。但有太多人把減壓當成壓力管理的一種方式。我對這種做法並不是很認同，理由之一是：減壓是一個很含糊的用詞，沒有人真正知道該怎麼做。另外一個理由，則是：有許多壓力源是我們無法減輕的。

在我們的一生當中，有些壓力是自找的（例如，我們在準備參加一場運動比賽或籌備一場盛大的活動——例如：婚禮——所感受到的壓力），但最大的壓力，往往不是來自我們可以作主的那些事情。當一個拳擊手要進場比賽的時候，壓力固然會很大，但當我們要到醫院去看自己切片檢查的結果，或者在清查自己的財務狀況後，發現自己的房子可能不保時，也會感受到很大的壓力，並因此產生強烈的壓力反應。這時，我們便需要有一些立即可用的方法，來幫助自己以最健康、最有效率的方式，處理這些壓力反應。

人類對壓力這東西可說是又愛又恨。我們喜歡觀賞恐怖片或乘坐雲霄飛車時的那種刺激感，不僅會主動製造這類的壓力反應，而且事前還會滿懷興奮。在從事這類活動的過程中，我們可能會有失控的感覺，但我們知道這只是一時的現象，雖然心裡害怕，但也相信自己沒有生命危險，何況我們擁有足夠的主控權，一旦情況不對，可以隨時喊停。如果壓力太少，我們的生命就會變得無趣。壓力適中時，生活就會變得迷人、有趣、具有挑戰性。但如果壓力太大，它所帶來的好處就全部消失了（Sapolsky, 2017）。因此，我們需要在「可預測性」與「冒險性」之間，達成一個微妙的平衡。

正如同情緒對我們並非全然無益，壓力也並非一無是處。我們之所以會感受到壓力，不是因為我們的大腦或身體出了什麼問題，也不是因為我們的個性太過軟弱。壓力只是一系列的訊號，讓我們藉以瞭解自身的需求。

就短期來說，壓力具有正面的效果。當我們出現壓力反應時，我們的身體會分泌腎上腺素，以對抗體內的細菌和病毒感染，並使我們的心跳加快，瞳孔放大，認知功能也變得更加靈敏。這些都能幫助我們集中注意力，以評估自身所在的環境並且做出適當的回應。

然而，在當前流行觀念的影響下，我們已經把壓力視為一種過時的生存機制，沒有存在的必要。因此，當我們感受到壓力所造成的影響，開始心跳加快、手心冒汗時，便相信那是由於我們無法應付當前的情況，或身體出了問題而產生的一些跡象，必須加以制止。但事實上，壓力對我們並不一定有害，我們也不一定要加以消除。

科學研究固然說明了壓力所帶來的危險，但也揭示了壓力所具有的功能，並告訴我們該如何將壓力化為助力，以及如何讓自己的身心能夠休養生息，以免壓力升高到危險的程度。

因此，當你開始在學校或公司裡做簡報，感覺自己出現壓力反應時，那便是你的身體在幫助你做出最佳表現的時候。這時，我們並不希望自己太過平靜與放鬆，而是要提高警覺，具有清晰的思維，以便能達成眼前的目標。不過，我們也不希望壓力太大，以免影響我們的表現，或讓我們想要逃避。因此，健全的壓力管理方式，便是學習如何在沒有必要時減輕自己的壓力，並且在需要時給自己適度的壓力。

如果我們想活得有意義，壓力必然是我們生命中不可或缺的一部分。無論你的價值觀為何，你都必須藉助你的壓力反應才能達成你所追求的目標。因此，壓力反應是讓我們得以達成目標的重要工具。給我們最多壓力的通常是我們最在意的事情，因為唯有重要的事情才值得我們採取行動。因此，當我們感覺有壓力時，並不一定代表我們遇到了什麼問題，或者我們的健康出了什麼狀況，也可能是代表我們正在為自己所重視的事物採取行動，並且正過著有目標、有意義的生活。如果我們能夠學會將壓力化為助力，並在必要時能減輕其強度，壓力就有可能成為我們最寶貴的工具。

本章摘要

- 壓力不一定是我們的敵人，也可能是我們最寶貴的工具。
- 與其試圖消除壓力，不如在經過一段時間的壓力之後，讓自己能夠休養生息。這種做法更加實際。
- 壓力能讓我們有更好的表現，並且能幫助我們完成重要的事，但我們不能一直處於有壓力的狀態。
- 我們需要有壓力才能過著精彩有趣、富挑戰性的生活，但如果壓力太大，這些好處都會被抹煞。

29 當壓力對你造成傷害時

當壓力持續的時間不長而且程度有限時，能夠發揮最大的效益，但是當我們持續受到無法改變的壓力，或者我們不知道該如何減輕自己的壓力時，我們的身體就無法休養生息。那就像是開著汽車以二檔在高速公路上飛奔一樣，如果一直這樣下去，遲早會造成傷害。

當壓力長期持續時，我們的大腦往往會以較不費力的慣性模式運作，使我們比較沒有能力控制衝動、記住訊息，或做出決定。久而久之，我們的免疫系統就會受到影響。腎上腺素的分泌如果持續的時間不長，能夠提升我們的免疫功能，幫助我們對抗細菌和病毒的感染。但如果長期過度分泌，再加上皮質醇的分泌異常，就有可能使人的壽命減短（Kumari et al., 2011）。長期的壓力會促使我們的身體不斷分泌腎上腺素，以增強我們的免疫系統。一旦壓力解除，腎上腺素的分泌減少時，我們的免疫系統功能就會降低。這是為什麼你會經常聽到，有人在連續幾個月不停地拚命工作後，終於可以休假時，幾乎立刻就生病了。

「過勞」（burnout）這個名詞，描述的是我們的身體對長期、過度的工作壓力所產生的反應。但除了職場之外，我們在其他領域也可能會出現過勞的現象。比方說：當我們必須負責照顧他人、養兒育女，或擔任志願工作的時候。

那些有過勞現象的人，往往會說他們有一種情緒耗竭、彷彿整個人都被掏空了的感覺。有人變得和別人很疏離，有人則和自己失去了連結，而且感覺自己已經無法勝任職場和家庭的工作，也無法像從前那樣從中獲得成就感。

當我們的壓力反應一再被誘發，且持續時間太長，讓我們沒有足夠的機會可以休息和復原時，我們就會出現過勞現象。這通常是因為我們長期缺乏下列因素所致。

1. **控制感**——當我們沒有資源可以用來完成我們必須要做的事情時。
2. **報償**——這裡指的是我們透過工作所得到的金錢報償，或我們在職場或其他領域的表現受到認可，或因而產生的價值感。
3. **社群歸屬感**——這裡指的是我們缺乏正向的人際互動，沒有得到社會支持，也沒有歸屬感。
4. **公平性**——這裡指的是我們認為自己所擁有的控制感、社群歸屬感，或所得到的報償和其他人不同，其間存在著不公平的現象。例如，有些人的需求得到滿足的機會比其他人更高，或有些人所受的要求比其他人更嚴苛。

5. 價值——當你必須要做的事情和你個人的價值觀互相抵觸的時候。

過勞，會對我們的健康造成嚴重的影響。因此，凡是認為自己可能有過勞現象的人，都必須盡快採取行動，設法解決這個問題。不過，我們也必須考慮到現實的情況，因為有些壓力固然可以避免（例如，你不需要在每週工作五十個小時的情況下，還去兼差賣東西），但有些壓力則是無法消除的（例如：因生病、財務狀況或關係破裂，所引發的情緒壓力）。

當你為了讓一家老小得以溫飽而每天兼差，同時還得努力扮演好為人父母的角色時，你根本無法去除這些壓力，每天早上悠哉悠哉地打坐冥想和做瑜珈。然而，要解決過勞的問題，你並不一定要讓自己過得像在渡假。當你一方面要應付繁忙的生活以及隨之而來的壓力，一方面又要照顧自己的健康時，就必須設法在兩者之間求取平衡，並且在必要時調整方向。不過，方法因人而異。對一個人有用的方法，對另外一個人可能並不適用。

當我們無法減輕自己的壓力，或者身上的負荷過重、時間過久時，就會出現「慢性壓力症候群」。其症狀因人而異，以下只是其中一部份。

這些症狀包括：

- 經常睡不好。
- 食慾發生變化。
- 容易激動發怒，以致於影響人際關係。
- 精神難以集中。
- 即使已經精疲力盡，還是難以放鬆、休息。
- 長期的頭痛或暈眩。
- 肌肉疼痛、緊繃。
- 胃部不適。
- 性功能障礙。
- 愈來愈依賴成癮行為。例如：抽菸、喝酒，或暴飲暴食。
- 無法承受（甚至刻意避免）那些原本可以應付的壓力，

試試看

如果你覺得自己可能有過勞的現象，請試著回答以下問題，然後再花點時間檢視自己的答案以及它們對你的意義。關於過勞的程度，專家提供了若干判定的標準（Kristensen et al., 2005 and Maslach et al., 1966），但你的情況你自己最瞭解。

請想一想，目前的情況對你的健康造成了哪些影響。這樣你就比較知道什麼時候應該做出改變。

- 你是否常覺得自己有情緒耗竭的現象？
- 當你早上醒來，想到這一天要做的事，會不會覺得很累？
- 你什麼時候有空閒？你有足夠的精力享受閒暇的時間嗎？
- 你是否覺得自己很容易生病？
- 遇到問題時，你是否覺得自己有能力應付？
- 你是否覺得你的付出是值得的？

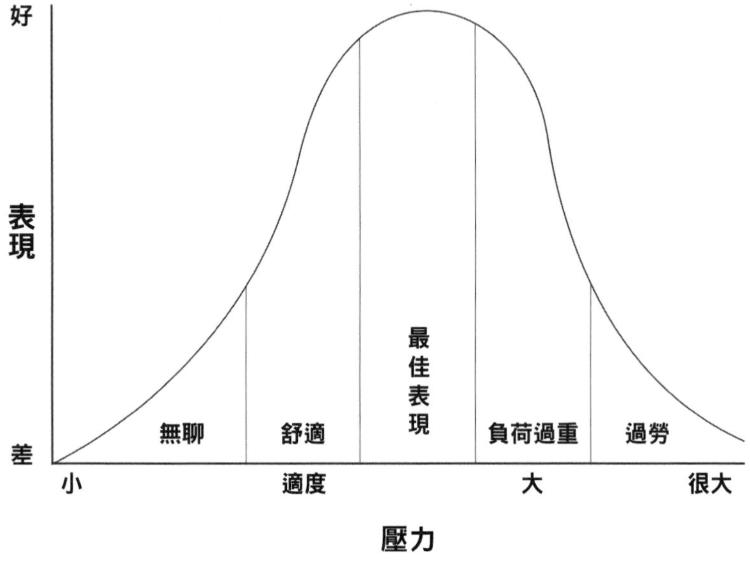

圖（九）：壓力曲線圖。適度的壓力能讓你做出最佳的表現。但是當壓力超過一定的程度時，你的表現就會變差。

我們的大腦和身體是相互影響的。這意味著：當你的身體長期承受壓力時，它便會不斷地釋放出相關的訊息，使你的大腦發生變化，而你的大腦又會影響你的身體。因此，壓力才會對我們的身心健康造成如此大的傷害。它會影響你生活中的每一個面向（McEwen & Gianaros, 2010）。

如果我們想將壓力化為助力，並保持自己的身心健康，就必須在應付接踵而來的事務時，讓自己有時間休養生息。我們需要做的事情愈多，就愈需要讓自己充分休息、充電。當壓力愈大時，我們就愈需要紓壓的管道，才有能力應付各項接踵而來的工作。

所幸，我們只要用幾個簡單的方法，就可以減輕壓力對我們的身體所造成的影響。我將在下一章描述這些方法。

本章摘要

- 短期的壓力能夠發揮最佳的效益。
- 如果你長期處於壓力之下，那就像是在高速公路上用二檔開車，遲早會對你造成傷害。
- 過勞並非上班族才有的現象。
- 關於如何管理壓力，並沒有一體適用的方法。可以幫助一個人達到平衡的方法，對另外一個人可能並不適用。
- 如果你有過勞的現象，要加以注意並設法處理，而解決之道便是，開始滿足自己的需求。

30 讓壓力成為助力

前面談論恐懼的章節中，我曾提到如何以呼吸技巧迅速讓身心平靜下來（請參見223頁）。這些技巧同樣有助於減輕壓力。你的呼吸能夠直接影響你的心跳速率和平靜的程度。吸氣時，你的橫隔膜會下降，胸腔的空間變大，使心臟得以進一步擴張，也讓血流的速度變慢。當你的大腦接收到這些訊息時，它就會發出訊號，讓心跳變快。

相反的，你呼氣時，橫隔膜會上升，心臟的空間變小，因此血流通過的速度會變快。這會使得你的大腦發出訊號，讓心跳變慢。

- 當你的出息比入息更悠長、有力時，你的心跳會變慢，身體也會平靜下來。
- 當入息比出息更悠長時，我們會變得更警覺而活潑。

因此，要減輕你的壓力反應，最快速的方式之一就是讓你的出息比入息更悠長、有力。

值得一提的是，當你因壓力大而感到焦躁、憂慮時，不要試圖立刻進入放鬆、冥想的狀態，因為我們在面對問題時必須保持警覺。當你運用這類呼吸技巧時，會發現自己的頭腦變得更清楚、更有能力解決問題。因此，我們的目標不是要解除所有的壓力，讓自己完全放鬆，而是要讓自己處於最佳的狀態，以便能運用壓力反應所帶來的好處（例如：讓我們變得機警敏捷），並減輕壓力反應所帶來的壞處（例如：憂慮擔心、無法承受的感覺）。

無論如何，如果你已經打算撥出時間讓自己練習放鬆，或者對運用呼吸技巧有興趣，就可以用「出息長於入息」的方法做較長時間的呼吸練習，讓自己的身體達到深度放鬆的狀態。也就是說，當你時間較為充裕、沒有外來的干擾讓你分心，或者沒有什麼事情需要你去處理的時候，就可以使用這種呼吸法或其他放鬆技巧來幫助自己放鬆。但是當你正面對某種壓力，需要有所表現時，也可以運用這種呼吸技巧來幫助自己渡過那一刻。

與他人連結

我相信大多數為人父母者都有過這樣的經驗：躺在床上，想著萬一房子失火的時候該怎麼辦。你會設想自己該如何盡快地抓著每一個孩子往外衝。因此，壓力反應並不是只有「戰或逃」的模式。我們有時還會想著要保護別人。在上述這個例子中，為人父母者除了基於生存本能，設法撲滅火勢或逃離火場之外，還會努力保護自己的孩子。有些壓力情境可能會使人做出較為自私的行為，但有些情境則會使我們更想照顧別人。

科學研究也顯示：當我們面對壓力時，如果把心思放在如何照顧他人上面，就能改變我們大腦的化學作用，使我們萌生希望與勇氣（Inagaki et al., 2012）。這種做法甚至能夠使我們在長期承受壓力或和遭遇重大創傷時不致於受到傷害，並且得以復原（McGonigal, 2012）。這種被稱為「照料與結盟」（tend-and-befriend）的壓力反應，可能是人類為了保護後代而演化出來的，但它也可以適用於其他情況。這意味著：當我們感覺壓力很大時，如果能與他人連結，就比較能從壓力的影響下復原。

社交孤立本身就會讓我們的身體與心靈承受極大的壓力。如果我們在感覺有壓力時，能和自己心愛的人見面，並且充分融入我們的人際關係，就能減輕短期與長期壓力對我們造成的影響。

轉移目標

有許多書籍和文章都要我們設法發揮自己最大的潛能，成為一個出類拔萃的人。你初次和別人見面時，他們最先問你的問題之一，必然是：「你是從是什麼工作的？」這是一個好問題，但它反應出一個事實：我們最在意的是自己在事業上的成就。人們終其一生都在和別人競爭。每個人都努力追求成就，藉以證明自己夠好，並相信唯有出人頭地才有幸福可言。許多人都是在出現了過勞現象或心理健康出問題之後，才發現事實並非如此。

科學研究已經逐漸揭開了這種想法的謬誤。研究顯示，那些把人生目標放在自己身上的人，比較容易感到憂鬱、焦慮和寂寞。那些追求更遠大的目標的人，則往往比較樂觀、感恩、振奮，也比較幸福滿足（Crocker et al., 2009）。當然，我們有時不免會把心思放在自己身上，但有時也會有一些比較崇高遠大的目標，而且我們有能力讓自己從一種心態轉換到另外一種心態。這一點非常重要。當我們感受到壓力時，只要稍微想一想自己所做出的選擇和努力，如何促成一個更崇高的理想，我們的感受就會大不相同。即使面對艱難而棘手的情況，如果我們心中所在意的是自己如何能夠幫助他人，就不會產生那麼大的壓力反應（Abelson et al., 2014）。

這樣如何應用在現實生活中呢？**當我們遇到壓力時，如果能把自己必須要做的事和我們的價值觀連結，並努力對他人有所貢獻，就會比較容易應付那種壓力**。此外，由於我們的努力有了新的意義，我們就會有動力堅持下去，而不致於臨陣脫逃。此外，當我們所做的努力，已經不再是為了證明自我的價值時，眼前的挑戰就不再那麼具有威脅性了。這是因為當我們努力對他人做出貢獻時，我們已經確立了自我的價值。

試試看

如何把心思從自己身上轉移到更遠大的目標

當你感覺壓力很大，很想逃走或找個地方躲起來時，可以花一點時間檢視自己的價值觀，並問自己以下這些問題：

- 這樣的努力或目標是否符合我的價值觀？
- 我想做出什麼貢獻？
- 我希望我正在做的事對別人有什麼益處？
- 我希望藉著這件事展現什麼理念？我所做的努力對我而言有何意義？

工具箱

冥想減壓（using meditation for stress）

冥想，並非一種宗教儀式或「新時代」人士所流行的時尚，而是一種技巧。科學研究已經發現，它能有效影響我們的大腦和生活品質。相關的細節，科學家們仍在研究中，但目前我們已經知道：**冥想會改變大腦的結構與功能，幫助我們減輕壓力，並且提升我們管理情緒的能力。**

我們處於壓力狀態下時，往往更沒有時間休息。「睡眠瑜珈」（Yoga nidra）是一種可以幫助我們進入深度休息與放鬆狀態的冥想技巧。這個方法很簡單。其進行方式往往是跟著錄音帶做一些覺察練習（例如：把注意力放在自己的呼吸和某些身體部位上）。近年來，研究人員已經針對這種瑜珈做了更多的研究，發現它有助減輕壓力（Borchardt et al., 2012）、改善睡眠（Amita et al., 2009），並增進整體的幸福感。大多數的睡眠瑜珈都要花三十分鐘，但最近一項針對「十一分鐘冥想」所做的研究顯示：當你沒有太多時間可以冥想時，即使只花幾分鐘做一下睡眠瑜珈，也能幫助你減輕壓力

（Moszeik et al., 2020）。

因此，當你事務繁忙，時間不多時，與其利用短暫的空檔瀏覽社群媒體，還不如利用這段時間做做睡眠瑜珈。

冥想並不能解決你的所有問題，但就像運動一樣，它可以是一個很有效的工具。冥想的方式很多，各不相同，以下是科學家們曾經研究過的幾種冥想。

- 正念冥想：有很多人推廣這種冥想。許多心理療法也將它列為療程的一部份。透過正念冥想，我們可以學習覺察當下的種種，並以超然、不批判的態度觀察自己的感受。這是我們可以用來處理自己當下的壓力與情緒的一個絕佳工具。這種冥想可以幫助我們和自己的念頭拉開距離，並以客觀的態度觀察自身的經驗，不加以評判，也不賦予它們任何意義。
- 用一些圖片、咒語（對你有意義的某個字或詞語）或物件，來幫助你集中心神的冥想。
- 有助培養慈悲心與善念的引導式冥想。

在做正念冥想時，你不一定要在四周擺滿蠟燭，也不需要花上一整天的時間，而是要「練習覺察當下的想法與感受，並任由它們來來去去，生生滅滅，既不認同，也不對抗」。所謂「正念」，就是以開放而好奇的態度觀察自身的經驗，不加以評判，也不急於賦予它們任何意義。冥想，是我們用來練習正念的一種方式。就像我們為了學習開車而去上駕訓課，讓駕駛汽車成為我們的一種本能，我們也是透過冥想的方式學習如何修持正念。

無論你是否已經開始練習冥想，並且想把這種練習納入你的日常生活，還是你不太知道該如何冥想，但希望自己更能覺察當下，都可以用以下這幾種方式來修持正念。

正念行走

- 先覺察你腳底的感受。當它們接觸到地面時，你有什麼感覺？你的腳如何離開地面向前跨出去？每隻腳接觸地面的時間有多久？
- 覺察你走動時雙臂如何擺動。不要試著改變那個動作，只要覺察就好了。
- 擴大你覺察的範圍，注意你的全身。你往前走時有什麼感受？你前進時，身體有哪些部位必須移動？哪些部位保持不動？
- 進一步擴大你覺察的範圍，仔細聆聽周遭的聲音。試著聽出你平常沒有注意到的聲音，但只要觀察就好，不要加以評斷。

- 當你的心思飄到別的地方去時，要溫柔地將它帶回當下，覺察此時此刻你在行進中的感受。
- 一邊行走，一邊覺察周遭可見的事物。包括：它們的顏色、線條、質地，以及你的視線如何移動。
- 呼吸時，試著覺察空氣的溫度與氣味。

正念沐浴

許多人在晨間淋浴時，都忙著在腦海裡規劃一天的行程，操心當天必須辦理的種種事務，或者盡量拖延時間，不想走出家門，但這段時間其實也是我們可以練習正念的絕佳機會。洗澡時，我們的感官會接收到許多其他時刻很難接觸到的訊息，因此有人發現，他們在淋浴時比較容易安住當下。

- 專心覺察熱水沖淋在身上的感覺。它最先碰到你身體的哪一個部位？有哪些部位沒有碰到水？
- 覺察水的溫度。

- 試著辨識肥皂和洗髮精的氣味。
- 閉上眼睛，聆聽周遭的各種聲音。
- 覺察空中、地面或其他地方的霧氣和水珠。
- 覺察你站在那兒時身體的感受。

正念刷牙

- 專注地覺察你所用的牙膏的味道。
- 覺察牙刷在你嘴裡移動時的感覺。
- 覺察你手部的動作以及你握緊牙刷時的感覺。
- 聆聽你刷牙的聲音以及自來水流動的聲音。
- 覺察你漱口時口腔的感受。
- 當你的心思飄到別的地方，就溫柔將它帶回來，再次覺察刷牙當下的各種感受。
- 試著把刷牙當成一件新鮮事，懷著好奇心去觀察。

你在從事任何一種日常活動（如：游泳、跑步、喝咖啡、摺衣服或洗臉、洗手等等）時，都可以做這樣的練習。只要選擇其中一種，然後遵照以上這些提示，帶著正念全心投入其中就可以了。

請記住，如果你發現自己的心思一直飄到別的地方去，這並不代表你做得不對。這是每一個人都會有的現象，為的是要瞭解這個世界。所謂「正念」，並不需要百分之百的專注，絕不分心，而是要覺察自己的心思何時渙散，並且即刻將它帶回當下。

敬畏之心

除了冥想之外，還有一種經驗也能幫助我們和自己的想法與情緒拉開距離，那便是當我們對某件事物心生敬畏的時候。所謂「敬畏」（awe）指的是，我們在面對某個廣大浩瀚、超越我們理解範圍的事物時，所自然而然產生的一種感覺。當我們看到某個美麗的事物、大自然的奧妙，以及某人所具有的非凡才能，不得不重新看待和思考世間的事物時，都有可能產生敬畏之心。這有可能發生在我們面對一個極有權勢和魅力的領袖人物時，也可能發生在我們仰望夜空、思索宇宙奧祕，以及我們降生於人世的機率。其中有些經驗（例如，親眼目睹嬰兒誕生的過程），一輩子可能只發生一次，有些則較為頻繁。例如：在林中散步、眺望大海，或聆聽某個很有感染力的歌手演唱。

心理學界在這方面的研究一直付之闕如，但有些人確實可以透過這類經驗超脫瑣碎的日常生活，放眼於那些更廣袤浩瀚的事物。不過，自從正向心理學誕生後，科學研究已經開始注意到正向情緒的重要性，不再一味的想要消除負面的情緒了（Frederickson, 2003）。

敬畏和感恩這兩種心情之間存在著某種關聯，迄今尚未有任何研究足以證實這種關聯。當人們談論令他們心生敬畏的事物時，經常會說他們在這樣的時刻會感覺到自身的渺小，並因此認清什麼事情才是最重要的，同時也會油然生出感恩之情，覺得自己有機會降生在世上，是一件多麼不可思議的事情。你並不一定要置身於美麗的泰國海灘或目睹氣勢磅礡的尼加拉瀑布，才會萌生這樣的心情。當你思索某個概念或想像某個意象時，也可能會有這種的心情。許多心靈大師和勵志演說家都曾經談到，一個人降生在世上的機率只有四百萬億分之一。這是我們很難理解的一個概念，使我們不得不去思索自己能活著是多麼幸運的一件事情，從而心生敬畏，並體認到宇宙的浩瀚與自身之渺小。當你從這樣的視角去觀看時，你的優先順序自然會改變，原本讓你憂心的事物也會有不一樣的面貌。

因此，當你感覺壓力很大時，何不去探索一些能讓你心生敬畏的事物？例如：和動物相處、接觸大自然、觀賞某種令人讚嘆的表演，或仰望天上的星辰等等。如果你能把這些經驗記錄下來更好。這樣你就能夠瞭解這些經驗對你產生的影響。之後，在你無法回到現場時，也可時時回味。

本章摘要

- 你只要改變呼吸的方式，就可以緩解自己的壓力。
- 科學研究顯示，冥想可以對我們的大腦以及我們處理壓力的方式，產生重大的影響。
- 與他人連結能幫助我們從壓力中復原。社會孤立會對人的身心造成極大的壓力。
- 如果我們能以貢獻他人（而非與他人競爭）為目標，我們在面臨壓力的時候，就會比較有動力堅持下去。
- 你可以試著透過一些令你心生敬畏的經驗，來改變自己看待事情的角度。

31 面對壓力

由於我們一天到晚所接收到的資訊都是告訴我們，壓力對我們如何如何有害，因此在面對相關問題時，我們大多把重點放在，如何消除壓力源以及如何讓自己多休息、多放鬆這些方面。但如果我們的壓力是由無可改變的事件所造成的，那該怎麼辦呢？我們要如何面對，在參加求職面試或一般考試時遽增的壓力？要如何讓自己的表現不受影響？那些有關我們該如何放鬆、如何紓壓的研究固然很好，但是當我們面對的是一個高壓情境時，那些方法似乎就不怎麼管用了。畢竟當考試已經開始時，我們是沒有辦法跑去做什麼深度放鬆練習的。當我們等了好幾個月才得到一個面試的機會時，光是在面談開始前告訴自己不要那麼追求完美，並不能讓我們比較放鬆。在這樣的時刻，我們真正需要的是一些明白清楚的方法，讓我們能夠運用壓力來幫助自己做出良好的表現，甚至從那樣的經驗中學習。我們需要知道如何積極地應付那些我們無法改變的高壓情境。

即使我們面臨很大的壓力，但如果壓力持續的時間不長，我們還是有可能從中受益。因此，我們的目標不是要消除壓力，讓自己在接受面談時，就像坐在家裡的沙發上一樣自在，而是要學習如何運用壓力所帶來的好處，但又不致於讓自己的表現受到影響。

面對壓力的心態

研究顯示：**我們看待壓力的方式會影響我們在壓力之下的表現。如果我們不把壓力當成問題，而是將它視為一種助力，就不必花那麼多力氣試圖將它消除，也就能集中心思應付眼前的挑戰。**如此一來，我們不但不會太過擔心眼前的壓力，而且還會變得更有自信，表現得更好。因此，我們要改變自己的心態，設法利用壓力所帶來的能量和專注盡量把事情做好。證據顯示，如果我們能夠這樣做，就比較不會被壓力搞得精疲力竭（Strack & Esteves, 2014）。

我們在面對即將到來的重大事件時，如果光是努力減輕自己的壓力，就等於是在強化一個錯誤的觀念，把壓力當成問題來解決。因此，當你要達到某個目標而感覺壓力很大時，就把那股壓力帶著走吧。讓它幫助你集中精神、能量飽滿、動作精準。人類天生就是要在壓力之下才能有所表現，而那正是你要做的事。如果你能提醒自己這一點，你就可以用不同的心態來看待你的壓力徵兆，不再將它們當成「症狀」。事實上，研究顯示，光是提醒人們他們在壓力之下會有更好的表現，就能使他們的實際表現提升達百分之三十三（Jamieson et al., 2018）。

語言的影響力

要改變我們的心態，有一個方法，那便是：透過語言。**我們所使用的語言能夠產生很大的效果，決定一個情境對我們的意義以及我們面對它的方式。**試想，如果你是一個職業運動員，當你正要離開更衣室，到場上去比賽時，你的教練對你說：「你一定會搞砸的。」這時，你一定覺得壓力山大，還會不由自主地想到最壞的情況，並因而感到恐慌。

社群媒體上每天都充斥著各式自我肯定句與名言。其中，有些可能會正好被需要的人聽到。但它們能夠發揮什麼效果呢？

有些名言是叫我們要戒掉某些行為，有些則是籠統地告訴我們，這一生要避免做些什麼。問題是我們的注意力只能有一個焦點。當我們一心想著不要做什麼時，就沒有什麼餘裕去思考，自己應該怎樣才能把事情做好。

有些自我肯定句是讓人們保持百分之百的正面心態。這些話或許能激勵人心，但前提是，你必須相信它們才行。況且，光是告訴自己「要保持正面！」或「你做得很棒了！」，不僅語意含糊，也不能讓你確切知道該如何面對眼前的挑戰。

戴夫・艾爾瑞德（Dave Alred）博士是一流的績效教練。他曾經輔導過許多全球頂尖的運動員，幫助他們在極大的壓力下在大眾面前做出最佳的表現。當他為旗下的運動員擬定自我肯定句時，一定會使用具體明確、有事實根據，且讓他們相信的語句，避免太過籠統而絕對的說法。這些語句讓那些運動員得以建立必要的心態，並提醒他們：只要他們照著既定的步驟一直做下去，就一定會進步。艾爾瑞德認為：任何肯定句，只要讓我們清楚知道自己應該把心思放在哪裡，就會讓我們有所依循。他建議我們一開始要先說：「我要如何如何做。」然後鮮明的描述，當我們把步驟做對時會發生的情況，再想像自己想要的情緒狀態。他說，**當我們可能因為壓力太大而無法集中精神或做出良好的表現時，就可以事先準備這類肯定句，讓自己產生必要的想法和感受，並採取必要的行動。**不過，當我們面對的挑戰不同時，所需要的肯定句也不相同。重點是這些語句必須簡短、具體、明確，具有指導作用，並且能讓你感受到你之前在演練那些步驟的感覺。

重塑認知架構

關於「重塑認知架構」，我們在本書的其他幾章中已經談過，但這個方法在我們面對壓力時也很有幫助。所謂「重塑認知架構」，就是運用語言或意象來調整我們看待某個情境的方式。它指的並不是說服自己相信原本並不相信的事，而是試著改變自己的參考架構。當我們從一個新的觀點來看待事情時，就能得出新的意義，我們的情緒狀態也會跟著改變。在關於恐懼的那個章節中，我們曾經談到如何重塑自己的認知架構，將原本的焦慮情緒轉變成興奮的狀態。在面對壓力時，我們同樣也能藉著重塑自己的認知架構，化壓力為決心，將威脅視為挑戰。我們只要改變自己所使用的字眼，就可以改變事件對我們的意義，而又不致於否定自身的實際感受。當我們使用「決心」和「挑戰」這類字眼時，就等於是選擇要接納那些感受。但如果我們用的是「壓力」和「威脅」這類字眼，無異認定事件本身是討厭的、令人避之唯恐不及的。

放寬視野

我們在高壓情境中往往會變得視野狹隘。這種反應是有必要的，因為唯有如此，我們才能集中精神應付眼前的挑戰。但當壓力大到讓我們難以承受時，有個方法可以讓我們在維持身體的高效運作之時，讓自己的心平靜下來。相關的研究顯示，只要我們放寬自己的視野，就可以達到讓心靈平靜的效果。所謂「放寬視野」，並不是要我們環顧四周的風景，而是要多觀看周遭的事物。要知道，視覺是自律神經系統的一部份，因此當我們多看看周遭的事物時，這樣的動作便會連結到我們的大腦內負責調節壓力與警覺程度的迴路。休柏曼（Huberman）在二〇二一年發表的一篇報告中指出，這個方法能有效地讓我們在產生高度的壓力反應後，感覺比較舒服。由於我們在高壓力的情境下，往往需要靠自己的壓力反應來完成挑戰，因此我們並不需要讓這些壓力反應消失，只要接受它們，並且提升自己對壓力的耐受力就可以了。

如何面對失敗

我們之所以會有壓力，往往是因為我們要做的事關係重大，而我們相信自己一旦失敗，後果會很嚴重。當我們將自己可能失敗這件事視為一個重大的威脅時，我們的大腦自然會去注意這個威脅，於是便讓我們產生壓力反應，以確保我們能避免失敗。因此，一個人如果經常在失敗後對自己大加撻伐，那麼當他發現自己有可能會失敗時，自然就會產生極大的壓力反應。

每個人的注意力都有一定的限度，因此當我們需要在充滿壓力的情況下把事情做好，就必須充分控制自己的注意力，把心思放在那些能夠幫助我們面對挑戰的事物上。如果我們要克服自己對失敗的恐懼，就不要滿腦子想著什麼事情可能會出差錯。相反的，我們必須把全副心思放在做事的步驟上，讓自己沒有餘裕去擔心可能的後果。

因此，如果情況允許的話，我們不妨事前先做相關練習。在試著熟悉做事的步驟、並瞭解自己在這個過程中可能會有什麼反應，我們不妨預備一些引導式的語句，提醒自己當天要注意什麼、可能會遇到什麼情況等等。當你熟悉了所有的步驟，就會很有信心。

此外，我們也可以根據自己所面臨的挑戰性質以及失敗的機率，使用「重塑認知架構」的技巧，來改變自己對失敗的看法。

試試看

如果你想以「書寫的方式」探討這個主題，可以參考以下這幾個提示。

- 你失敗時有什麼反應？
- 你是否會加以否認，並且很快將它拋諸腦後？
- 你是否會立刻開始撻伐自己、責罵自己，認為是自己的問題？
- 還是你會怨天尤人？

關於如何面對失敗，我們還有很多地方需要學習。如果我們認為只要我們犯了錯或者沒把事情做好，就代表我們是沒用的人，那麼無論我們所遭受的失敗多麼微不足道，我們也會心生羞愧，想要放棄或找個地方躲起來。不讓自己感受到那種撕心裂肺的痛苦。那些要求完美的人更容易有這種現象。他們一心想要得到他人的認可，並以為他們必須表現得盡善盡美才行。他們認為他們如果沒把事情做好，就是一個失敗者；只要輸給別人，就是一個魯蛇，無論他們的失敗與挫折是多麼微不足道、為時又是多麼短暫。

然而，如果我們在失敗之後能夠不批判自己，而是花心思檢討錯誤，並認清人非聖賢，孰能無過，我們的感受就會大不相同。當我們這樣做時，我們可以誠實地面對自己，瞭解自己在什麼地方犯了錯，但不會因此認為自己永遠都是個失敗者，因為我們的目的是檢討自己的某個行為，而非批評自己。

不過，我們仍然必須為自己的行動負責。這是很重要的一點。自我疼惜並非一再放過自己，而是把注意力放在自己的錯誤之上，將它當成單一事件，並不足以代表我們。唯有如此，我們才得以從錯誤中學習，並回歸自己的價值觀。如果我們想告別自己的錯誤，重新出發，展開新的一頁，就非這麼做不可。如果我們在犯錯之後只是一味的感到羞愧，只會讓自己陷入癱瘓，無所作為。

我們在面臨失敗時，必然會很難受，也會產生壓力反應，同時內在的負面核心信念可能會被觸發（Osmo et al., 2018），以致產生各式各樣的負面想法。例如：「我是個魯蛇！」、「我什麼事都做不好！」、「我一點用處也沒有！」或「我什麼也不是！」等等。這類想法以及隨之而來的羞愧感，很容易使我們感到無比孤獨，並與他人隔絕。這是因為我們把這些想法當真，以為自己是世上唯一有這種感覺的人，於是便不好意思告訴別人。但事實上，除了我們之外，全球的七十億人口普遍都有著這類想法。生而為人，我們都需要感覺自己是值得被愛的，也需要群體歸屬感以及被接納的感覺。

當我們因為失敗而自覺羞愧時，可能會擔心別人因此而排斥我們，以致我們的生存受到威脅。同時，我們可能會連試著解決問題的意願也沒有，因為我們相信問題出在我們身上，而非我們的某個行為或選擇。

我們在社會上闖蕩時，難免會有因犯錯而感到羞愧的時候，因此我們有必要學習如何處理這類羞愧感，讓自己得以繼續前進。此外，在面對失敗時，我們也需要有一個能給我們安全感的地方，讓我們不致因失敗而懷疑自己的價值，並得以從中學習。這樣一個地方便是我們自己的心靈。試想，當我們所愛的人在受苦時，我們必然會以善意相待，因為我們知道那正是此時此刻他們所需要的。同理，當我們自己跌倒在地時，也應該以同樣的方式對待自己。唯有如此，我們才能從地上爬起來，繼續前進。

但我們要如何才能善待自己，並且扶自己一把呢？

羞愧感復原力

當我們之所以會因為自己的失敗而感到羞愧，往往是因為我們陷入了一個嚴重的思考偏誤，那便是：根據自己所做的某件事、某個行動、某個選擇，乃至某個行為模式，來判定自己是個什麼樣的人或有什麼價值。但這樣做乃是以偏概全，以管窺天，沒有看到自己的其他面向。如果我們面對的是自己所愛的某個人，我們是絕對不會這樣做的。

試想，如果今天犯錯的是某個你無條件愛著的人，你絕不會希望他們因此而否定自己、貶低自己。相反的，你會希望他們能從經驗中學習，做出更符合自身目標的選擇，在人生的道路上繼續前進。你還是會替他們著想，不會對他們大肆謾罵。

工具箱

讓自己從羞愧感中復原

強烈的羞愧感會讓人極端痛苦。當你因為遭受挫敗而感到羞愧時，可以用下面這幾個方法，讓自己從中復原：

- 不要用「我這個人……」這樣的說法，針對自己的品格與價值做出籠統的批判。這樣只會使你更加羞愧。
- 在省思那個令你挫敗的事件時，要看看自己有哪裡做錯了，並且明白一個行為或一種做法，並不能代表整個人。
- 要明白你並非唯一有這種感覺的人。大多數人在遭遇失敗或挫折時，都會心生羞愧，並厭惡自己。然而這對我們不見得有幫助，也不一定反映事實。
- 明白這種感覺雖然痛苦而強烈，但終究會過去。我們可以運用一些技巧來安慰自己（請參見第三部，128頁），以免被這樣的情緒所淹沒。

• 想一想：如果你所愛的人處於同樣的境地，你會對他們說些什麼呢？

• 想一想：你要如何表現你對他們的關愛，同時以坦誠的態度對待他們，讓他們得以為自己的行為負起責任？

• 你可以和某個你信得過的熟人談一談。如果你不把心中的感覺說出來，這種羞愧感就會一直揮之不去。如果你能和別人談一談，就會發現在失敗後自覺羞愧乃是人之常情。真正的好朋友不僅不會因為我們犯錯而排斥我們，還會坦率指出我們的錯誤，使我們得以為自己的錯誤負起責任。

• 如果你是你想成為的那種人，在這樣的情況下，你會有什麼反應？你要怎麼做才能讓你在日後回想此刻時，為自己感到驕傲，並且慶幸自己這樣做了？

本章摘要

- 我們看待壓力的態度會影響我們在壓力之下的表現。
- 如果你把壓力當成助力，就不會花費那麼多力氣試著消除自己的壓力反應。相反的，你會集中精神應付眼前的挑戰。
- 你在擬定自我肯定句以幫助提升自己的臨場表現時，應該把重點放在你該做什麼，而非不該做什麼。
- 你可以透過放寬視野的方式來紓解自己的壓力。
- 你可以改變你對失敗的看法並提升你的羞愧感復原力，以幫助自己應付高壓力情境所帶來的壓力。

VIII

有意義的生命

32

「我只想過得快快樂樂的！」這有什麼不對嗎？

當我在諮商室和個案討論他們未來應該怎麼做，並請他們想一想自己究竟想要什麼時，經常會聽到他們說：「我只想過得快快樂樂的。」

但這些年來，「快樂」這個概念已經被扭曲了。許多人以為所謂「快樂」就像童話故事的結局，生活中總是充滿了樂趣，而且所有的願望都能得到滿足。你只要稍微瀏覽一下社群媒體，就會看到許多叫你要「正向思考，保持快樂的心情，不要有任何負面想法」的貼文。

這類訊息會讓我們得到一個印象：快樂，乃是人生的常態。如果你不快樂，可能就是有心理問題。此外，我們一直被灌輸一個觀念：如果有錢，就可以從此過著幸福快樂的生活。

但為了生存，我們必須面對各種挑戰，因此不可能一直處於快樂的狀態。我們的情緒會受到我們的身體狀況、行動、信念，與周遭環境等因素的影響，而這些因素會不斷變化，因此我們的情緒自然也會起起伏伏。羅斯・哈里斯（Russ Harris）在他的著作

《快樂陷阱》（*The Happiness Trap*）一書中指出，我們的情緒就像天氣一樣變動不居，有時可以預測，有時卻令人猝不及防，但都是我們人生經驗的一部份。不過，它也像天氣一樣，有時令人舒爽愉悅，有時教人難以忍受，有時則難以用言語描述。當我們認清這一點之後，就會發現：**如果「快樂」意味著一個人沒有任何不愉快的情緒，那麼所謂「從此過著幸福快樂的日子」的說法，是絕對不可能實現的。即便我們過著快樂而充實的生活，仍然有可能會產生各式各樣的情緒。**如果我們相信「快樂」就是一直充滿正向的情緒，那麼當我們情緒低落時，就會認為自己失敗了。我們會懷疑自己有哪裡做得不對，或者擔心自己可能有心理問題，於是就變得更加憂鬱了。但事實上，有時我們之所以不快樂，是因為人生原本就充滿艱辛。

在我們的一生當中，那些帶給我們最多快樂的事物，往往也會讓我們產生其他許多並不快樂的情緒。其中最好的例子，就是我們的親朋好友。比方說，你的家人固然對你非常重要，但他們做錯事時，也可能會讓你非常惱火。為人父母者固然會覺得自己所扮演的角色很有意義，在養兒育女的過程中也會感受到強烈的愛與喜悅，但有時他們也會被痛苦、恐懼與羞愧感所折磨。因此，如果說我們的情緒是一大束五彩繽紛的鮮花，那麼快樂就只是其中的一朵。你不能弱水三千，只取一瓢飲，也就是說，我們不能只要這個，不要別的。

意義的重要性

有些人之所以會尋求心理治療，是因為他們有一種失落感。他們不確定自己到底出了什麼問題，但就是覺得自己不太對勁，因為他們對所有事情都興致索然，提不起勁。由於不知道原因出在哪裡，所以他們很難解決這個問題，也不知道自己該往哪個方向前進。他們不是無法達到成目標，而是根本不確定自己應該設定什麼目標，也不知道哪一個目標才值得努力。

他們之所以會如此，往往是因為他們和自己的核心價值失去了連結。他們在生活的壓力之下，逐漸忘卻了自己真正在意的東西。如果他們能夠釐清自己的價值觀，就會知道他們應該往哪一個方向前進，或者哪些目標最能為他們帶來成就感。當他們陷入困境時，也會比較能夠堅持下去。最重要的是，他們會提醒自己：即使遇到難關，他們已經走在正確的道路上。

何謂價值觀？

價值觀和目標並不相同。目標是具體明確、可以努力達成的，而且一旦達成了，便到了終點，然後你就必須去找尋下一個目標。所謂的「目標」，可能包括：通過某次考試、完成所有代辦事項，或表現出自己最好的那一面。

價值觀則不是你可以完成的一些行動，而是你的一套理念。包括：你想要過著怎樣的生活、希望成為哪一種人，以及你有哪些原則等等。

如果生命是一趟旅程，價值觀則是你所選擇的路線。這條路線永遠沒有盡頭。它只是你旅行的一種方式。當你依照自己的價值觀行事時，你便是在這條路線前進。路上充滿了各式各樣你必須跨越的障礙。那些障礙便是你在這條路線上要達成的目標。有些障礙可能很巨大，你甚至不確定自己是否能夠跨過去，但你會盡力而為，因為你認為你不能離開這條路線。

當然，世上還有其他許多路線，而且各有各的障礙與挑戰，但當你選擇了這條路線並且決定要一路披荊斬棘、克服難關時，你所做的那些事情、所採取的那些行動，便有了意義與目標。你之所以能夠突破那些你或許從未嘗試跨越的障礙，是因為這條路線是你的選擇。比方說，如果你服膺的價值觀之一是終生學習、不斷成長，你便會不斷努力研讀，讓自己得以通過許多考試。

所謂的「價值觀」，就是你所做的事情、你做事的態度，以及你做事的動機，和你是什麼樣的人無關，也和你的財富、學識、地位，或成就無關。

有時，我們做出違背自己的價值觀的事情。可能是情勢使然，也可能是我們沒有清楚意識到自己有著什麼樣的價值觀。此外，隨著我們的成長與進步，我們的價值觀也可能會改變。比方說，當我們離開家，開始過著獨立的生活、向我們所遇到的人學習、對世事有了更多的瞭解，或有了自己的小孩時，我們的價值觀都有可能會改變。因此，我們最好能夠定期檢視自己的價值觀，並且在必要時調整方向，以確保我們能貼近自己所選擇的路線，讓我們的生命具有意義。

當我們不清楚自己的價值觀時，就有可能會根據我們認為自己該做的事或別人期待我們去做的事，而設定目標，並以為一旦我們達到那個目標就夠了，就可以放鬆下來，並且對自己感到滿意。但這種做法最大的問題便是，它設定了一些嚴格的條件，並且認為自己唯有在達到這些條件之後，才能變得快樂而滿足。其次便是把自己的滿足與快樂寄託於未來（Clear, 2018）。

我的意思並不是說，你不應該為自己訂定目標。但是，當你為你的目標而努力時，最好要清楚自己為何要朝著這個目標前進，並且認清一個事實：我們在努力的過程中就可以享受生命的美好，並不一定要等到達成目標之後。與其把美好的希望寄託於未來，不如現在就開始根據自己的價值觀行事，讓自己的生命變得有意義、有目標。這樣一來，在你盡力做出改變或追求成就的過程中，你的生命就已然有了意義。

本章摘要

- 在世俗觀念的影響下，我們經常誤以為快樂是人生的常態。一個人如果不快樂，有可能是心理健康出了什麼問題。
- 我們之所以不快樂，有時是因為生活原本就不容易。
- 讓我們的生命具有價值的那些事物所帶給我們的並不只是快樂。有時它們也會讓我們產生各種情緒。例如：愛、喜悅、恐懼、羞愧，和傷心等等。
- 如果我們能釐清自己的價值觀，就比較能夠為自己設定有意義的人生目標。
- 如果我們重視自己的價值觀，在遇到困難時就會比較能夠堅持下去，因為我們知道自己正走在正確的道路上。

33 釐清自己的價值觀

要釐清你目前的價值觀，你不妨做一些簡單的練習。但要注意：我們的價值觀會隨著人生階段以及環境的不同而改變。價值觀改變之後，我們的行動也會跟著改變。此外，人生難免會有許多無法預料的狀況。我們在面對改變或困難時，可能會被牽引到另一個方向，做出不符合自己的價值觀的事情。因此，我們最好不時檢視一下自己的價值觀，並重新加以評估，就像在檢查自己手中的羅盤和地圖，問問自己：

「我要到哪裡去？」

「這是我想要的方向嗎？」

「如果不是，我要如何調整方向，以回歸自己的價值觀？」

熱心　誠實　信仰　公平

仁慈　關懷　悲憫

力量　雄心　可靠

可信賴　活在當下　靈活變通　好奇心

開明　大膽　忠誠

創意　冒險　感恩

值得信任　諒解　靈性

持久　真誠　自覺

獨立　連結　接納

有愛心　決心　耐心

專業　尊重　勇敢

圖（十）：價值觀——把所有對你來說，不僅重要、也有意義的價值圈起來。

價值觀	目標	日常行為
·終生學習 ·好奇心 ·個人成長	上各種有教育性的課程	閱讀、研究、參加各種能夠增進、擴展相關技能，並且深化學習的考試或工作。
對他人的愛與善意	·記住心愛的人在意特殊日期 ·偶爾拜訪親戚	·每天都以微小的方式表達自己的關愛與善意。 ·寫下生日和週年紀念日的日期。 ·撥出時間和心愛的人在一起。 ·協助一個年邁的鄰居過馬路。

圖（十一）：這個表格舉了兩個例子，說明價值觀與目標的不同，以及我們在日常生活中所表現出來的符合目標的行為。

工具箱

檢視自己的價值觀

在書末的「備用工具」篇章中，你會看到空白的表格。你可以用它來省思你在生命的各個方面最重視的東西。上表所舉的例子，只是供你參考而已。你可以自行將它們換成你自己的價值觀與目標。請在每一個格子中，試著填寫你在這方面最重視的價值。以下這些提示，或許對你有所幫助。

- 在這方面，你最想成為什麼樣的人？
- 你希望自己能代表什麼理念？
- 你希望你的努力具有怎樣的意義？
- 你想做出什麼貢獻？
- 你想在這方面表現出什麼特質與態度？

人際關係	健康	創造力
養兒育女	靈性／信仰	貢獻
學習與發展	玩樂／休閒	工作

這個練習最關鍵的部份是，你在格子裡分別列出你的價值觀。之後，我們心理師在進行「接納與承諾療法」時，會請個案用一到十的分數來評估，每一組價值對他們來說有多麼重要。

最重要的得到十分，一點也不重要的則是零分。然後會請他們以同樣的方式評估，他們目前的生活有多符合那些價值觀，十分代表非常符合，零分則代表一點也不符合。接著我們會一同檢視，那個代表「重要性」的分數和那個代表「符合程度」的分數，兩者之間的差異。如果差異很大，可能代表他們的生活方式已經偏離了自己的價值觀。舉例來說，如果你認為照顧自己的身體健康是最重要的，分數高達十分，但你的生活方式與價值觀的符合程度卻只有兩分，因為你一直隨便亂吃，也沒有做任何運動，這時你就要考慮在這方面做出一些正向的改變了。

這個練習的目的是，讓我們明白在我們的生活中，有哪些方面是應該特別注意的。這個方法可以讓我們看清哪些事情對我們來說是很重要的，而且它們有可能會互相排擠。至於我們應該做什麼、怎麼做，則由我們自己決定。這個練習只是提供我們一張地圖，讓我們可以綜觀目前的情況，然後再選擇要採取什麼行動，以便更貼近自己想走的那條路。

我們每天都會面臨各種困難，也會有喜怒哀樂等各種情緒。這個練習的目的是讓我們發現生活的意義，不要等到所有困難都解決之後，才開始依照自己的價值觀生活，而是要思考我們應該做出什麼樣的改變，讓自己無論在什麼樣的環境之下，都能活出自己的價值觀。

一旦你確認了你生活中最重要的一些面向，以及你在那些方面的價值觀，就可以運用下面這個簡單的練習，來評估你現在的生活方式有多麼吻合你目前的價值觀。這個練習是最初是由一位名叫托比阿思·倫德葛瑞恩（Tobias Lundgren）的瑞典ＡＣＴ治療師設計的。以下是我改編過、很喜歡的版本。

下一頁的星形圖，六個角各有一道計量尺。請你在每一道計量尺旁邊寫下，你認為特別重要的一個生命面向，並且在尺上畫個X記號，代表你目前的生活方式和你在那方

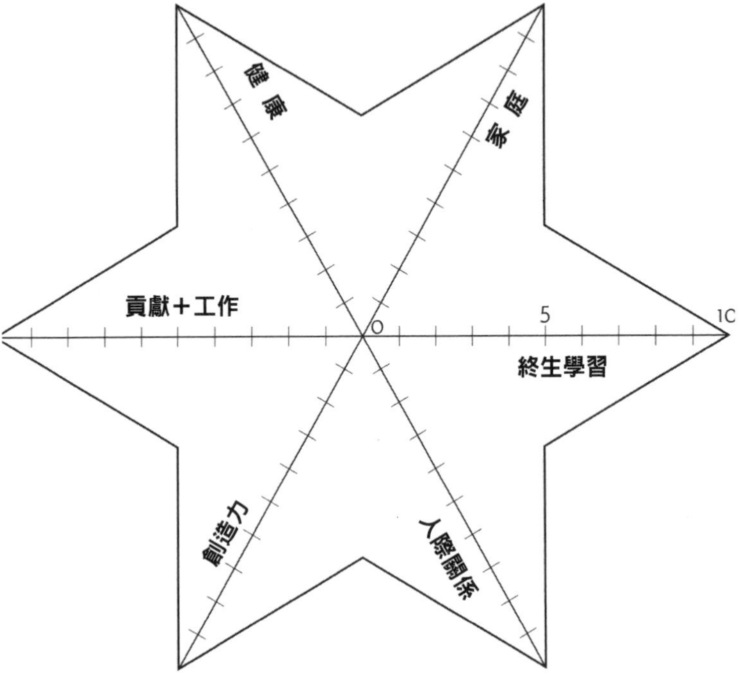

圖（十二）：價值觀星形圖

面的價值觀的吻合程度（最低是0，最高是10）。舉例來說，如果你覺得你應該優先照顧自己的健康，但實際上並沒有完全做到，就可以給自己打五分。在親密關係方面，如果你覺得你已經很接近你心目中理想伴侶應有的樣子，就可以在這方面給自己打九分。

一旦你為自己在各方面的表現都打好分數後，就可以把所有的X記號連在一起，看看你的星星會成為什麼形狀。如果它的形狀並不規則，較短的那幾個角，就是你需要注意的那些方面。在本書末尾的「備用工具」那一節，有幾個空白的星形圖，你可以拿來做這個練習。

有時我們可能不太清楚我們的價值觀有多少是自己選擇的，又有多少是他人對我們的期望。這是一個很重要的問題，必須加以釐清。我的意思並不是說，我們對家庭與社區的責任或義務並不重要，也不是說這些部份不該列入我們的價值觀。但如果我們能夠釐清有哪些價值觀是出自我們的選擇，有哪些是別人加諸我們身上的，或許就會發現，為何我們在某些方面比較沒有成就感，或者我們為何會感覺自己和那些價值觀失去了連結。

試試看

如果我們想更常檢視自己的價值觀，還有一個方法，那便是透過書寫或簡單的自省。在這樣做時，不妨參考以下這些提示。這些問題我除了會用在自己身上之外，也會用來和諮商個案一起探討他們的價值觀。

這些問題，包括：

1. 如果你希望你在回顧你人生中的下一個篇章時，會為自己面對挑戰的方式感到自豪，你將會過著怎樣的生活？在回答時，請試著把重點放在你的選擇、行動與態度上，而非別人或一些你無法控制的事件上。請試著想一想：無論發生了什麼情況，你將會如何生活？
2. 在你和自己的關係、你的健康，以及你個人的成長這幾個方面，你想要活出什麼理念？在這些方面，你最在意的是什麼？
3. 你希望自己在親朋好友的眼中是個什麼樣的人？你希望如何與他們往來？你希

望自己對他們的生命做出什麼貢獻？

4. 你希望親朋好友跟你在一起時有什麼感覺？你希望你對他們來說代表了什麼？

5. 如果你只能活一次，你希望你在世時能對別人產生什麼影響？

6. 如果沒有人會知道你如何生活，你還會這樣做嗎？

7. 在這一天或這個星期中，你會試著在你所做的每一個選擇或行動中，表現出哪一種價值觀？

範例：

今天我要在我所有的選擇和行動中表現出我的「熱忱」。

（或換成：勇氣、同情心、好奇心等等）

我用的方式是……

本章摘要

- 你可以利用一些簡單的練習來釐清自己目前的價值觀。
- 我們的價值觀可能會隨著時間而改變。有時我們也可能無法依照這些價值觀生活。因此，我們最好能定期加以檢視。
- 如果我們能根據自己的價值觀設定人生目標，就會知道自己在日常生活中該怎麼做。
- 不要指望將來如何。要思考你想成為一個什麼樣的人、對他人做出什麼貢獻，以及用什麼態度面對生命。

34 如何創造富有意義的生命

當你認清生命中有哪些事情對你是最重要的，並且意識到你並未依照自己的價值觀生活時，那該怎麼辦呢？你該如何開始朝著那個方向前進？一般來說，當我們決定要做出改變時，通常都會為自己訂定一個很大的目標。比方說，如果你檢視了自己的價值觀之後，決定要藉著運動的方式來照顧自己的健康，可能就會設定幾個新的目標。例如：開始去跑馬拉松，或改善自己的營養狀況等等。然而，光有目標是不夠的。你必須每天重複同樣的行為，讓自己往正確的方向邁進，你的生活才會真正發生改變，而且這樣的改變也才會持久。

或許你的目標是要跑完一場馬拉松。但無論你的目標為何，如果你要改變你的生活方式，就必須做一些安排，讓自己每天都出去跑步才行。比方說，你可以加入一個跑步團體讓自己有動力一直跑下去，也可以逐漸拉長跑步距離，並且改善自己的營養狀況以增強自己的體能等等。設定目標可以幫助我們邁出第一步，讓我們開始往正確的方向前進，但務必要記住：目標其實會對我們造成限制。如果你已經重新評估自己的價值觀、並且有了新的方向，你很可能就會希望繼續朝著那個方向前進，但許多人在跑完馬拉松後不久，就把跑步鞋束之高閣了。

由於你的價值觀有可能隨著時間而略微改變，因此你最好能夠定期加以檢視，並藉機盤點你目前的生活細節，問自己：「我今天想要做一個什麼樣的人？」以及「為了朝這個方向前進，我今天該怎麼做？」如果你想成為那種每天都照顧自己健康的人，那麼你即使已經跑完了馬拉松，還是有可能會繼續這樣做。

這種做法有兩個好處。當你已經思考自己想要成為哪一種人，並且將那些意念化為具體而持續的行動時，你就會覺得自己所做的種種努力有了新的意義。改變是困難的。但如果你很清楚自己為何要改變，並且認同自己就是那樣的人。那麼當你在改變的過程中產生了抗拒的心理，或者遭遇身邊的人阻撓時，你就比較能夠堅持下去。當你的新觀念和新的行為模式逐漸確立後，你對自己的看法也會隨之改變。久而久之，你就會真正成為那種將健康視為第一優先的人。但這並不是因為你設定了一個目標，讓自己跑完了一場馬拉松，而是因為你堅持以一種新的方式生活。你之所以運動，並不是為了要達到某個目標，而是因為你認同這樣的生活方式。這時，你跑不跑馬拉松已經變得無關緊要了。

如果我們過度重視成果，那麼當我們沒有很快看到成果，或者在改變的過程中遇到阻力或障礙時，我們就比較容易放棄。在一開始訂定目標時，我們可能會興致勃勃，充滿動力，但這種動力就像一根火柴上的火焰，遲早會燃燒殆盡，無法持久。如果我們固定採取一些容易持續的小小行動，就會逐漸形成一種新的身分認同，讓我們不致於放棄改變。

本章摘要

- 當我們決定要做出改變時，往往會訂定一個很大的目標。
- 光有目標並不足以確保你能做出改變並持之以恆。
- 當你思考並想像自己要成為哪一種人，並且將那些意念化為具體而持續的行動時，你就會覺得你所做的努力有了新的意義。
- 如果你把自己當成你想成為的那種人，那麼即使你已經達成自己最初所設定的目標，你還是會持續新的行為模式。

35 人際關係

要談論生命的意義，就不能不談論人際關係。我們和他人的關係是我們之所以為人的核心，比金錢、名聲、社會地位、遺傳基因，以及其他一切我們從小被教導要努力追求的事物，更能決定我們是否能過得快樂。人際關係的好壞攸關我們的身心健康，是決定我們的整體健康的核心因素。健康的人際關係能夠讓我們保持身心健康（Waldinger, 2015）。所謂的「人際關係」指的不僅是我們和伴侶與配偶的關係，而是我們和所有人的關係。包括：我們和朋友、家人、孩子和鄰里的關係。人際關係的重要性不僅顯現在各種有關健康的研究數據和生物指標上，也可從人們的口中得知。根據研究，瀕死之人最後悔的五件事情之一便是：「當初沒有和我的朋友們保持連絡。」（Ware, 2012）

既然人際關係對我們的生活、壽命和快樂程度，都有著如此深遠的影響，我們該如何建立健康的人際關係呢？在這方面我們往往只能自己摸索，因為從來沒有人告訴我們該怎麼做。

我們自從出生的那一刻就開始與他人連結，並從這些經驗中學習，而我們最初的人際關係——包括與父母、兄弟姊妹、其他家人和同儕的關係——就成為我們日後的各種人際關係的範本。然而，我們在學習這些功課時正處於最脆弱的年紀，不僅無法選擇自己要和哪些人建立關係，還必須仰賴那些人維生。

於是，長大成人後，我們可能會發現自己在幼小時所學到的那些處理人際關係的模式，有時對我們並沒有什麼幫助。

既然人際關係對我們的壽命和快樂與否有如此重大的影響，我們該如何改善自己的人際關係呢？

在這方面，個別治療和伴侶治療可以給我們一些幫助。有一種名為「認知分析治療」（Cognitive Analytic Therapy，簡稱ＣＡＴ）的治療方式，可以幫助我們看出我們幼年時期在處理人際關係方面，發展出了怎樣的行為模式，以及我們如何將那些模式應用於我們成年後的人際關係中。如果你有機會接觸到「認知分析治療」，就可以瞭解自己在人際關係中經常扮演什麼樣的角色，並且明白自己為何老是重蹈覆轍。

但如果我們沒有機會接受「認知分析治療」，又該如何深入瞭解自己的人際關係，並且加以改善呢？

首先，我必須指出：在流行文化的影響下，我們對人際關係往往有一些迷思，並因此覺得自己的人際關係似乎出了嚴重的問題。這些迷思大多和我們與伴侶、家人和朋友的關係有關。

對關係的迷思

- **愛情不應該是困難的**。許多人認為：如果你找到了一個適合你的人，你們兩人就可以從此過著幸福快樂的日子。但現實生活並非如此。這樣的迷思只會讓大多數人對自己的親密關係感到不滿。事實上，如果你希望你和伴侶的關係能夠持久，就不能像乘坐一艘小船順流而下，什麼都不做。你必須拿起槳，根據自己的價值觀做出選擇，並採取行動，決定要把船划到哪裡去。然後你必須做出努力，反覆採取那些行動。如果你不刻意做出選擇並下一番工夫，而只是順其自然，無所作為，你的小船就有可能偏離航道。

- **兩人應該事事一致**。在愛情或友誼中，彼此應該可以有不同的想法。你們不需要每件事情都一致。畢竟你們是兩個不同的人，各有各的敏感度、背景經驗、需求，和因應機制。如果你們真正敞開心扉和對方連結，必然會發現他（或她）有一些部份是你需要忍耐並接受的，如此你們才能長長久久。

- **一天到晚膩在一起**。無論是友誼或親密關係，你們都可以享受兩人不在一起的時光，無須形影不離，因為你們原本就是兩個不同而獨特的個體，即使一方發展出一些與另一方不同的面向，也並不一定會對兩人之間的關係構成威脅。如果我們認為兩個人相愛就要一天到晚膩在一起，將會使我們更害怕自己遭到遺棄，並且無法容許自己或伴侶在關係中有所成長。如果一段關係讓我們有安全感，我們就會比較願意和對方分開，也不會因為伴侶有其他生活圈子而感受到威脅。

- **從此過著幸福快樂的日子**。無論童話或好萊塢的電影，故事永遠結束在關係開始之際。彷彿只要找到對的人，就可以從此過著幸福快樂的日子。但愛情這條路上必然會有許多曲折、轉彎和顛簸。即使是最穩定深厚的一段關係，也會有低迷的日子。有時兩人可能會失去連結，或者彼此意見不同。有時關係中的一方或雙方可能會面臨挫敗、遭受重大的損失、生病或陷入某種痛苦。有時，你會對你的伴侶心懷不滿或失去熱情。有時一方或雙方會不太清楚對方想要或需要什麼。有時我們會做錯事，讓另一個人感到痛苦。如果我們相信只要找到合適的伴侶，兩人應該就可以「從此過著幸福快樂的日子」，則當情況不如預期時，我們很可能就會認為雙方不該在一起，於是便結束這段關係，而沒有意識到所有的關係都會面臨瓶頸。事實上，即使關係出了問題，還是有修復的可能。

- **分手就是失敗**。關係對我們的健康與快樂有著重大的影響，但僅僅擁有關係是不夠的。如果我們希望一段關係能對我們的生命產生正面的影響，就必須努力改善關係的品質、並且做出審慎的抉擇。我們雖然能夠為自己負責，但並不能強迫他人改變。如果一段關係已經影響到你的身心健康，你就可以做個結束。在書末的「資源」篇中，我列出了一些機構。它們可以幫助那些置身於危險關係中的人士。

如何改善人際關係

如果我們能照顧自己，就能改善我們的人際關係。如果我們能改善自己的人際關係時，對自己也有幫助。因此，本書中所有可以用來照顧自己的方法，都可以幫助你在你的所有人際關係中，成為你理想中的自己。

改善人際關係指的，並不是讓對方依照你的意思做事，或成為你想要的那種人。你可以和你的伴侶一起努力改善你們之間的關係，但如果你能瞭解自己的需求、處理關係的模式，以及你很容易重蹈覆轍的地方，對你的人際關係也會有所助益。當你對自己有了更進一步的認識，並且試著以不同的方式和你身邊的人（以及你自己）溝通與連結時，你就能改善你的人際關係。如果你能瞭解自己想要成為一個什麼樣的人、如何變成那樣的人、如何維持人我之間的界限，以及如何在關係中讓自己得到滋養，你就像是有了一個能夠為你指引方向的羅盤。有了這個羅盤，當你在一段波折起伏的關係中感到失落與茫然時，就無須仰賴他人的指引，可以回歸自我，做出對自己有益的選擇。

依附模式

我們在關係中的依附模式在幼年時便已形成，但這並非出自我們的選擇。為了保障我們的安全，我們的大腦會驅使我們去依附照顧者。於是，孩子便會努力和父母親近，以尋求他們所需要的安全與慰藉，並藉此為自己建造一座安全堡壘。當一個孩子擁有這樣一座安全堡壘時，就會生出足夠的安全感，使他得以去探索這個世界，並運用所學建立新的關係。然而，萬一孩子無法與父母親建立穩定的連結，也沒有得到足夠的安全感，他們便無法發展出安全的依附模式。這樣一來，當他們長大成人後與他人建立關係時，內心可能仍然沒有安全感（Siegel & Hartzell, 2004）。

這種不安全感會影響我們成年後與他人建立關係的模式，因為幼年的經驗會形塑我們對人際關係的概念。包括：一段關係會如何發展，以及我們在關係中應該有何表現等。當我們已經形成某種特定的依附模式時，並不代表我們終生都會以這種方式與他人相處。但如果我們能瞭解自己在人際關係中有哪些地方很容易重蹈覆轍，或許會很有幫助。由於我們的大腦具有可塑性，因此如果我們能夠瞭解自己屬於哪一種依附模式，並且有意識的做出持續的改變，就有可能建立一個新的模式。

焦慮型依附

屬於焦慮型依附模式者需要別人經常向他們示愛，並保證不會拋棄他們。這種人可能從小生長在一個讓他們缺乏安全感的環境裡。照顧他們的人可能有時一去不回、有時對他們很冷淡、不回應他們的需求，或者經常不在家。

屬於焦慮型依附模式者可能會努力取悅他人，難以表達自己的需求，也可能會盡量避免人際的對抗與衝突，甚至可能會為了滿足伴侶而犧牲自己的需求。

這一型的人由於一直努力避免被人拋棄，結果反而更容易落得被拋棄的下場，這是因為他們經常需要伴侶的撫慰，因此可能會讓那些屬於迴避型依附模式的伴侶，有受到控制的感覺，因而導致雙方衝突。此外，如果他們的伴侶並未持續提供他們所需要的撫慰，久而久之他們便可能心生怨恨，但也可能會因為害怕衝突，而無法充分表達自己的需求。

解決這個問題的方法並非不斷安撫他們，也不是置之不理，期待他們的需求會自動消失。相反的，屬於焦慮型依附模式的人可以試著建立自我意識，並學習撫慰自己，讓自己在伴侶不在的時候也能有安全感。他們的伴侶則可以經常主動與他們連結，無須等他們開口。這些都是屬於焦慮型依附模式的人，可以獨自或和伴侶一同努力的事。

迴避型依附模式

屬於迴避型依附模式的人，所表現出來的行為和焦慮型依附模式，幾乎正好相反。他們雖然也需要與人連結，卻害怕親密關係。他們覺得和別人太過親近是一件很危險的事，讓他們失去安全感。因此，他們寧可自給自足，避免仰賴他人。為了和別人保持關係，他們會適度的坦露自己，卻始終覺得不安、容易受傷並且充滿恐懼，甚至經常想要封閉自己，避免建立親密關係或與人發生衝突。

這類行為可能會使人以為他們心中沒有愛，或認為他們不關懷別人，但事實上這些行為其來有自。他們年幼時，父母親可能不在他們身邊或者和他們不親，也不回應他們的需求。也可能他們在表現出依賴的模樣時，曾經遭父母親（或其他照顧者）嫌棄或者得不到任何回應。

有人以為迴避型依附模式的人並不想要（或需要）與他人連結，但事實上，他們也是人，自然也有人性的需求，只是他們無法褪下早年用來保護自己的盔甲，而無法與人建立深度的連結。迴避型依附模式者和那些有焦慮型依附模式的人，不同的地方在於：他們必須學習忍受與人建立親密關係時所產生的那種脆弱感，而他們的伴侶則可以設法瞭解，親密關係為何讓他們感到危險不安，並且慢慢地培養彼此之間的親密感。

安全型依附

如果父母能夠對孩子在情感和身體方面的需求做出可靠的回應，久而久之孩子就會學到：他可以向別人表達自己的感受，而他們也會做出回應。他會勇於表達自己的需求，也知道當他進入社會後，這些需求也能得到滿足。這並不代表這些父母的教養方式很完美，而是代表他們給了孩子足夠的倚靠，讓後者得以建立一個安全堡壘，而且他們即使犯了錯，也能設法修復親子之間的關係，使得孩子仍舊對他們懷有信心。

屬於安全型依附模式的孩子並非時時刻刻都很快樂，他們的父母也不一定會在他們尚未哭泣之前，就已經先想到他們的需求。但他們擁有足夠的安全感，敢於在父母親離開時表現出悲傷的情緒，但當父母親回來後，他們又會重新和後者連結。這樣的孩子在長大成人之後能夠享受親密關係，勇於表達自己的需求和感受，也有一定程度的自處能力。

安全型依附模式能為孩子奠定穩固的基礎，使他們在長大成人後能夠擁有健康的人際關係，但這並不保證他們一定會選擇一個適合他們的伴侶，也並不代表他們會在關係中表現得很完美。當一個有著安全型依附模式的人和一個屬於其他依附模式的人在一起時，可以努力瞭解對方在年幼時的遭遇、並且對他表示同情，如此便能改善兩人之間的關係。

混亂型依附

如果孩子無法從父母那裡得到他們所需要的關懷與情感上的支持，甚至被虐待，他們可能就會發展出混亂型依附模式。他們會表現出躲避、甚至反抗照顧者的行為，因為父母原本應該是他們尋求安全感的對象，但對他們而言，卻成了令人恐懼的危險人物。這樣的經驗會讓他們感到困惑迷惘、無所適從。成年後，這樣的依附模式可能會使他們難以處理自己的情緒，遇到壓力就很容易出現解離現象、且極度害怕被人遺棄，同時在人際關係上也會遇到很多問題。

正如其他的依附模式，如果能得到適當的支持，這樣的依附模式也是可以改變的。當事人可能需要學習如何忍受親密關係所帶來的脆弱感，並且處理自己對分離的恐懼。

儘管幼年時期的經驗對我們成年後在人際關係中的表現，有著很大的影響，但這並非終生無法改變。我們可以藉著瞭解自己以及周遭的親朋好友，來改善自己的人際關係。其中很重要的一步，便是：設法辨識自己、以及那些有可能和我們建立關係的人，與別人相處的模式。因為當我們瞭解之後，就比較不會認為別人的行為是針對我們，並因此能夠做出明智的選擇，讓自己更能和他人建立親密、互信的關係，提升雙方的生活品質。

那麼，我們該怎麼做才能改善我們的人際關係？當然，這個目標並非一蹴可幾，也不可能一招奏效，而是要在日常生活中刻意做出一些看似微不足道的選擇，穩定地朝著符合自己的價值觀的目標前進。偶爾，你還必須停下來，想一想自己要的究竟是什麼，才能確保你所做的一切都是出自你的意向，而非本能的反應。

專門研究關係的學者約翰・戈特曼（John Gottman）認為：決定男人和女人在關係中滿意度的最大因素是，雙方友誼的品質，而且影響程度可達百分之七十（Gottman & Silver, 1999）。因此，你不妨努力提升你和伴侶之間的友誼，並且設法讓自己成為一個更好的朋友。

要提升友誼的品質，就要經常彼此陪伴，並努力以同情與尊重的態度互相對待，同時儘可能瞭解對方的種種，平時也要找一些方法來表達自己對對方的欣賞與關懷。雙方愈是親密，彼此間的友誼愈是深厚，當兩人無可避免的出現歧異、遇到重大的壓力事件或遭受損失時，這份關係就愈有保障。如果我們和伴侶平常就能齊心協力，並且彼此尊重感恩，就會更容易渡過人生中的風風雨雨。

建立連結

在本書中，我曾多次談到麻痺自己或逃避困難是多麼危險的一件事。我們在和別人

（無論是愛人、朋友或家人）相處時，難免都會產生一些情緒。兩個人在互動的過程中，必然會讓對方產生一些感受。心愛的人所說的幾句話可能會讓我們飄飄欲仙，但也可能使我們垂頭喪氣。當我們對一個人懷有強烈的情緒時，自然不會想要接近他。但這樣一來，兩人便會失去連結。而所有從事伴侶治療的心理師都會告訴你：一對伴侶唯有拉近彼此之間的距離，才能提升互信，並建立深刻的連結。這也是相關研究所得出的結論（Gottman & Silver, 1999）。

如果我們和自我、本身的情緒以及心愛的人失去連結，我們的人際關係和心理健康都會受到負面影響（Hari, 2018）。但是當我們在人際關係中受挫、心情不好時，往往會藉著一些事物來逃避。我們可能會不停地瀏覽社群媒體、投入工作讓自己無暇歇息，或者照別人所說的方法努力提升自己，讓自己變得更完美或更富裕。但這些方法只能暫時麻痺我們的感覺，並不能讓我們和他人建立真正的連結。

那麼，如何才能讓我們和他人建立真正的連結？根據學者專家的意見，要和他人建立有意義且持久的關係，我們必須做到以下幾點。

- **自我覺察**：人際關係的困難在於，我們不一定能知道別人需要什麼、在想什麼，或有何感受。但我們可以從自己下手。要改善我們的人際關係，最有效的方式就是從自身開始。但這指的並不是一味地責怪自己或批評自己，而是帶著好奇心與同情心，試著辨識自己在與人相處時反覆出現的行為模式，並設法瞭解形成這種模式的原因。唯有如此，我們才能設法擺脫這種模式。儘管對方不見得能夠像這樣自省，但是當我們開始改變自己的行為時，對方可能也會跟著改變。但我們不要自己有了改變就期待別人也會改變，而是應該思考，我們想在這段關係中成為一個什麼樣的人、表現出什麼行為、希望能為這段關係帶來什麼，以及我們的界限在哪裡、為何此界限。

・**積極回應對方的情感**：當關係出了問題時，我們不免會產生強烈的情緒。但這並不是一種非理性的反應。由於大腦的職責是幫助我們存活，因此它最在意我們是否能與人建立安全的情感連結。當我們對著心愛的人大吼大叫、大哭大鬧、和對方冷戰，或者一語不發時，其實是在以不同的方式問著同樣一個問題：「你會守護我嗎？你在意我嗎？會不會為了我而留下來？當我很需要你的時候，你會怎麼做？」而提問的方式會隨著我們所屬的依附模式而異。當我們意識到自己和心愛的人之間已經沒有連結時，便會喪失安全感，因此我們的大腦便會啟動「戰或逃」的反應，使我們儘可能以各種方式再度獲得安全感。有些人所採取的方式是攻擊，有些人則是跑掉或找個地方躲起來，也有人壓抑情緒，假裝自己根本不在意。儘管和心愛的人失去連結會讓我們非常難受，但一旦我們陷入了攻擊或疏遠的模式，就會覺得彼此幾乎不可能和好了。臨床心理學教授暨情緒取向伴侶治療專家蘇・強森（Sue Johnson）在她的著作《抱緊我》（*Hold Me Tight*）中表示，如果我們在關係出了問題後不設法與另一方重新建立連結，就會一直有孤立、疏離感，而雙方要重新連結的唯一方法就是，彼此親近並且互相安慰。她指出，雖然關係中的一方之所以會拚命責怪或攻擊另一方，為的是要得到對方在情感上的回應，但這種做法很可能會讓另一方覺得他們做得不好，因而不知所措或變得更加疏遠。要解決這個問題，我們可以試著感受對方想和我們連結的心意，以及他們的依附需求。不過，這說起來簡單，做起來可不容易，尤其是在情緒很滿的時候，因此我們勢必也要努力安慰自己並處理自己的痛苦情緒。其次，我們也必須以細膩、溫柔而同情的態度，回應伴侶的情緒，讓他們知道我們在意他們。當我們這樣做的時候，務必全心全意、親近對方、關心對方，不要疏遠他們（Johnson, 2008）。

- **以尊重的態度訴說不滿**：大多數人都明白，什麼樣的反餽有助他們接收到訊息並且從中學習，什麼樣的反餽會讓他們感到羞愧因而陷入惡性循環。**當關係出現問題時，如果我們一味責怪對方，對彼此都沒有好處。要和別人建立健全的關係，我們就不能放棄自己的需求去取悅別人，但是當關係出了問題，令我們感到挫折時，我們卻有必**

要讓對方感受到我們對他們的同情與關懷，因為如果易地而處，我們也會希望他們這般對待我們。

所有的人際關係都不可能完全沒有衝突，即使健康的關係也不例外。當雙方爆發衝突，以致關係出現裂痕時，我們需要小心地修補這些裂痕。無論衝突的原因為何，每一方都還是需要感覺自己是被愛的，也仍然需要有一種歸屬感。儘管對方犯了錯，或者做出了一些要不得的行為，但他們還是希望能被接納（這是人性的基本需求）。心理師之所以能幫助個案進行自省並設法做出改變，原因之一就是我們會完全接納他們、不加以批判，並且以正向的態度對待他們。要知道，當我們意識到自己遭受攻擊或被人遺棄，或者自覺羞愧、不被認可時，就會立刻進入生存模式，根本無法好好思考自己該怎麼做。因此，當你要向伴侶說出心中的不滿時，與其因為挫折而一味地批評對方、鄙視對方，不如事先仔細思考並想好該如何表達，這樣你們的談話才有可能順利進展。如果你在表達時能著眼於對方的某些行為，而非進行含糊籠統的人身攻擊，彼此都會比較容易保持冷靜。如果你能清楚的表達出自己的感受和需求，對方就不需要費心揣測。此外，在溝通的過程中你要對對方抱持著感謝與尊重的態度，因為如果你們易地而處，你也會希望對方如此待你。當然，要做到這些並不容易，尤其是在情緒高漲的時候，因此我們必須時時回想自己的價值觀，思考自己想做一個什麼樣的伴侶。

・**修補關係**：談到修補關係，最重要的便是要和另一方重新建立連結。關係雙方都必須承認自己在事件中應負的責任，並做出妥協與調整。如果雙方想要重新建立連結，就必須一如最初那般彼此接納、互相疼惜，並且向對方表達自己心中的愛與感激。不過，在情緒很激烈的時候，這幾乎是不可能做到的。這時便可以讓自己暫時抽離，冷靜下來，然後再以比較巧妙的方式來和對方溝通，以便減輕可能造成的傷害。這些做法聽起來可能太過理想化，在現實生活中不一定能夠做到，因為我們很難改掉舊習慣。但我們並不需要做到百分之百的完美。儘管我們有時可能會做得不好，但只要我們能堅持不懈，並且願意嘗試後退一步，重新評估自己的表現並努力修補關係就可以了。要知道，無論任何事情，只要我們反覆去做，久而久之就會習慣成自然。

・**觀功念恩**：在前面幾章中，我曾經提到如果我們把注意力轉移到那些值得我們感恩的事物上，會有什麼效果。在繁忙的日常生活中，我們很容易會去注意自己的伴侶有哪裡做得不夠好、有什麼毛病需要改、或者有什麼地方讓我們感到很挫敗，但其實我們只要刻意去觀看他們值得敬佩和欣賞的地方，就能夠改變自己的心情，以及對待他們的態度。

・**建立共同的價值觀**：如果兩個人決定要共度一生，則雙方都有必要檢視自己的價值觀。唯有雙方都瞭解彼此的價值觀有哪些相同之處，並尊重對方和自己的差異，才能建立一段經得起考驗的關係。剛開始時，你們或許可以先討論各自對這段關係的期待。包括：你們希望如何彼此照顧、支持，以及如何溝通等等。接著，你們可以檢視各自的人生目標，以及你們對共同生活的夢想。在你們的婚姻關係以及家庭生活中，可能有某些地方是你們兩人都很重視的，另外一些地方則是因為一方重視，另一方也刻意配合的。

比方說，家庭聚會有一些你不是很喜歡的親戚會出席，因此你不是很想參加，但由於你知道你的另一半很希望你能跟他一起前往，於是你還是去了。正如我在前面幾章所言，**當你很清楚自己的價值觀時，遇到事情就會比較清楚自己該怎麼做**。如果我們能多花點時間瞭解另一半的價值觀，將有助深化彼此的連結，使得雙方都能在這段關係中成長茁壯。

工具箱

釐清你想成為一個什麼樣的伴侶

以下這幾個提示，能夠幫助你和你的伴侶探索你們共同的價值觀。你可以用這幾個問題，來檢視你生命中的任何一種關係。由於我們無法強迫他人改變，因此檢視的重點在於，瞭解自己能做些什麼。

- 本章中列出了幾種依附模式。你覺得你是屬於哪一種？
- 這種模式使你在人際關係中表現出什麼行為？
- 你要如何同理自己過去的表現，並為自己的未來負起責任？
- 你的伴侶有哪些地方是你所欣賞並為之感謝的？
- 在這段關係中，你想成為一個什麼樣的伴侶？
- 你可以做出哪些小改變來幫助自己往那個方向前進？

本章摘要

- 比起金錢、名聲、社會地位和其他那些我們被教導要去努力爭取的事物，人際關係的好壞更能決定我們是否能過得快樂。
- 人際關係和我們對關係的滿意度對我們的身心健康有決定性的影響。
- 如果你能努力提升自己，將有助改善你的人際關係。如果你能改善你的人際關係，也會對你自己有幫助。
- 我們在幼年時所形成的依附模式，往往會顯現在我們成年後的人際關係中。

36 何時求助

親愛的朱莉醫師：

看了你的影片後，我受到了啟發，開始做心理治療了。過程很順利，而且我的情況已經開始改善了。

謝謝你。

如果有人不太瞭解我為什麼必須談論有關心理健康的議題，這封信就是一個原因。在我開始提供線上心理健康教育課程的頭一年，不知道收到多少類似的信函。信中的措詞各不相同，故事也五花八門，但所包含的訊息是一樣的。除了我之外。網路上到處都有人在談論有關心理健康和心理治療的話題。這些資訊對個人來說，確實是有幫助的。

當你的心理健康出現狀況時，無論要做決定或採取行動，對你來說都會變得更加困難，因此去尋求你所需要的幫助會變得更不容易。至於你什麼時候該去看專業的心理師，到目前為止並沒有明確的規則可循。

經常有人問我：當一個人的心理健康出現問題時，什麼時候應該就醫？我的答案很簡單：**只要你擔心自己的心理健康有狀況，便可以去就醫**。

這世上有許多人在尋求專業心理師的協助時，面臨時了巨大的障礙，其中包括：文化禁忌、費用過高、心理師，以及相關的資源不足等因素，以致於他們無法得到可能會對他們有幫助的專業協助。如何克服這些障礙，是我們的社會必須克服的巨大挑戰。如果你擔心自己的心理健康狀況，而且有機會得到專業的協助，就不妨試試。這樣做或許會改變你的一生。你只要去拜訪一位專業的心理師，和他（她）談談，就可以知道自己擁有哪些選擇。

許多人在和我討論有關治療的問題時，都說他們並不覺得自己需要接受治療，因為他們的情況想必不像別人那麼嚴重，於是他們就一直等到情況已經失控時才開始就醫。但到了那個時候，要想痊癒就變得困難多了。因此，**如果你想維護自己的健康（無論是身體還是心理的健康），絕不要等到已經奄奄一息才求助**。無論什麼時候，一定都有情況比你更嚴重的人，**如果你有機會尋求專家的協助，就有可能改善自己的心理健康，使你的生活出現意想不到的轉變**。請相信我，我曾經看過許多人因此走出了絕望的深淵，不再有自殺的念頭，生命也開始翻轉。這樣的情況也可能發生在你身上。當然，這不是

一、兩天或一、兩個星期的事。你得花上一段時間為自己的健康而努力，讓你能過著你想過的那種生活。

在無法得到專業協助的情況下，我們就更需要彼此扶持。網路上已經有許多相關的資源，有關心理健康方面的討論也很普遍。人們已經逐漸瞭解：心理健康出問題就像身體生病一樣，是很正常的現象，也聽到了許多人在罹病之後得以康復、成長的例子。大家開始意識到：面對心理疾病，我們並非束手無策。我們可以不斷學習並做出改變，為自己的健康負起責任，包括：盡量吸收相關的知識、努力嘗試新的做法，即使犯了錯也可以再度嘗試，不斷學習並繼續前進。

在一個理想的世界裡，每一個人應該都可以得到他們所需要的治療。但這樣一個世界並不存在。因此，如果你無法得到專業心理師的協助，請把握每一個機會吸收相關的知識，並向你所信任的人吐露心事。透過人際的連結和心理衛生教育，我們的心理健康有可能會大大改善。

本章摘要

- 如果你擔心自己的心理健康狀況，可以尋求專業醫師的協助。
- 如果你不確定自己需要多少協助，專業的心理師可以幫助你決定。
- 在一個理想的世界裡，每一個人應該都可以得到他所需要的專業的心理治療，但我們並非生活在這樣一個世界裡。
- 如果你無法得到專業心理師的協助，請把握每一個機會吸收相關的知識，並向你信得過的親朋好友求助。

謝辭

本書得以問世得力於許多傑出人士的幫助，尤其是我的丈夫馬修。謝謝你在這趟非比尋常的旅程中，承擔了各種必要的角色，既是研究員、創意總監、錄影師、創意發想人、編輯、生意夥伴、顧問，也是孩子們的家庭教師、我的朋友、粉絲和批評者等等。謝謝你一直對我保有信心，即使是在我自己都沒有把握的時候。

感謝我可愛的寶貝 Sienna、Luke 和 Leon 對我的耐心。我在寫作期間非常想念你們。你們也參與了這本書的撰寫過程，我希望這能給你們一些激勵，讓你們也勇於追尋自己的夢想。無論我寫書與否，你們每一個人都是我此生最大的成就，比我在工作上的任何表現都更讓我自豪。

感謝我的父母在我需要寫作的時候盡心盡力、無微不至地幫我照顧孩子。我之所以能有一些成就，都要歸功於你們兩位不辭辛勞地為我提供你們自己從未有過的機會。這份恩情我銘記在心，不敢怠忘。謝謝派特和大衛一直支持我，並對我鼓勵有加。

感謝 Francesca Scambler 願意給我一個機會，並打了那通電話。感謝我的出版代理人

Abigail Bergstrom，打從一開始就給我許多激勵。能夠和你共事，是我的榮幸。

特別要感謝我的經理人 Zara Murdoch。對我而言，你一直是個不可思議的帶領人，也是個無所不能的超級英雄。感謝 Grace Nicholson。你的加入使得這個夢幻團隊得以完整，並讓這一切得以實現。

謝謝我的編輯 Ione Walder 以耐心而親切的態度，幫助我把這份文稿變成一本我可以引以為豪的著作。謝謝 Daniel Bunyard 認可我的提案，並促使我和「企鵝出版集團」（Penguin Books）合作出版此書。也謝謝 Ellie Hughes、Clare Parker、Lucy Hall、Vicky Photiou、Paula Flanagan、Aggie Russell、Lee Motley、Beth O'Rafferty、Nick Lowndes、Emma Henderson 和 Jane Kirby，這幾位「企鵝出版集團」幕後工作人員的努力。

謝謝 Amanda Hardy 和 Jessica Mason，打從一開始就不斷為我加油打氣，並且在我抱怨寫作的辛苦時耐心地聽我發牢騷，不做任何批判。謝謝 Jackie 在我需要鼓勵的時候，直視著我的眼睛，告訴我我可以做到，也謝謝她為我處理許多事情。

謝謝這些年找我諮商的所有案主。我從你們每一個人身上所學到的比我教給你們的更多。我很榮幸能夠陪在你們身邊，與你們同行。

也謝謝每一個人曾經訂閱我的社群媒體帳號的人。我們一起打造了一個多麼溫暖、寬容的社群。我希望這本書能讓你們有更多必要的工具，可以面對人生的挑戰。

在此，我也必須讚揚那些努力研發各種心理療法的才智之士。他們的研究成果已經使得許多人受益。如果我的翻譯有任何疏漏，謹此致歉。

在我的 Instagram 帳號@Dr Julie 中，可以看到我之前就本書的諸多主題所製作的影片。

備用工具

以下，是本書收錄的各單元空白工具圖表，提供您進行練習時使用。

．十字公式（The cross-sectional formulation）

空白的心情低落公式圖表（請參考圖五，62頁）。

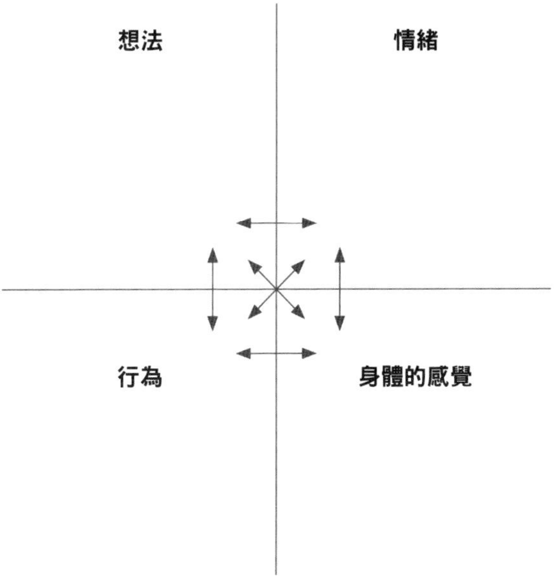

• 十字公式（The cross-sectional formulation）

空白的心情較佳時的公式圖表（請參考圖六，63頁）。

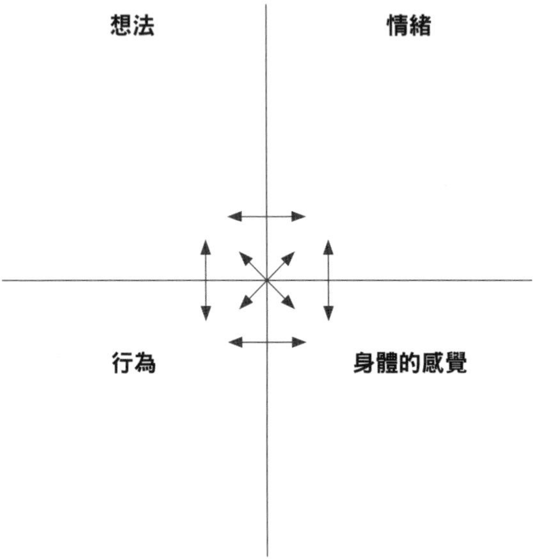

• 價值觀表格（The values chart）

使用這些空白表格，來幫助您反思生活每個領域的價值觀（參見312頁）。

• 價值觀、目標、日常行為（Values, goals, actions）

使用這些空白圖表，幫助您將價值觀轉化為目標和日常行動（參見圖十一，310頁）。

價值觀	目標	日常行為

價值觀	目標	日常行為

• 價值觀星形圖（The values star）

以下空白價值觀星形圖，供您填寫使用（參見圖十二，314頁）。

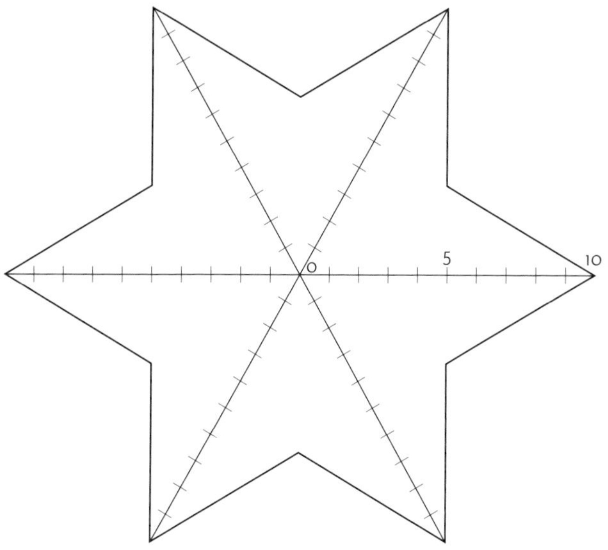

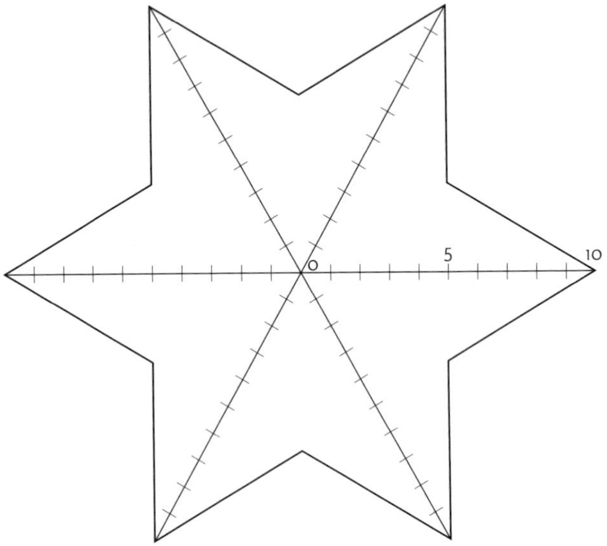
0
5
10

參考書目

一　陰暗的所在

- Beck, A. T., Rush, A. J., Shaw, B. F, & Emery, G. (1979), *Cognitive Therapy of Depression*, New York: Wiley.
- Breznitz, S., & Hemingway, C. (2012), *Maximum Brainpower:Challenging the Brain for Health and Wisdom*, New York:Ballantine Books.
- Brown, S., Martinez, M. J., & Parsons, L. M. (2004), 'Passive music listening spontaneously engages limbic and paralimbic systems', *Neuroreport, 15* (13), 2033–7.
- Clark, I., & Nicholls, H. (2017), *Third Wave CBT Integration for individuals and teams: Comprehend, cope and connect*, London: Routledge.
- Colcombe, S., & Kramer, A. F. (2003), 'Fitness effects on the cognitive function of older adults. A meta-analytic study', *Psychological Science, 14* (2), 125–30.
- Cregg, D. R., & Cheavens, J. S., 'Gratitude Interventions: Effective Self-help?
  A Meta-analysis of the Impact on Symptoms of
  Depression and Anxiety', *Journal of Happiness Studies* (2020), https://doi.org/10.1007/ s10902-020-00236-6
- DiSalvo, D. (2013), *Brain Changer: How Harnessing Your Brain's Power to Adapt Can Change Your Life*, Dallas:BenBella Books.
- Feldman Barrett, L. (2017), *How Emotions Are Made. The Secret Life of The Brain*, London: Pan • Macmillan.Gilbert, P. (1997), *Overcoming Depression: A self-help guide to using Cognitive Behavioural Techniques*, London: Robinson.
- Greenberger, D., & Padesky, C. A. (2016), *Mind over Mood, 2nd Edition*, New York: Guilford Press.
- Inagaki, Tristen, K., & Eisenberger, Naomi I. (2012), 'Neural Correlates of Giving Support to a Loved One', *Psychosomatic Medicine, 74* (1), 3–7.
- Jacka, F. N. (2019), *Brain Changer*, London: Yellow Kite.
- Jacka, F. N., et al. (2017), 'A randomized controlled trial of dietary improvement for adults with major depression (the 'SMILES'trial)', *BMC Medicine, 15* (1), 23.
- Josefsson, T., Lindwall, M., & Archer, T. (2013), 'Physical Exercise Intervention in Depressive Disorders: Meta Analysis and Systemic Review', *Medicine and Science in Sports, 24* (2), 259–72.
- Joseph, N. T., Myers, H. F., et al. (2011), 'Support and undermining in interpersonal relationships are associated with symptom improvement in a trial of antidepressant medication', *Psychiatry, 74* (3), 240–54.
- Kim, W., Lim, S. K., Chung, E. J., & Woo, J. M. (2009), 'The Effect of Cognitive Behavior Therapy-Based Psychotherapy Applied in a Forest Environment on Physiological Changes and Remission of Major Depressive Disorder', *Psychiatry Investigation, 6* (4), 245–54.
- McGonigal, K. (2019), *The Joy of Movement*, Canada: Avery.
- Mura, G., Moro, M. F., Patten, S. B., & Carta, M. G. (2014), 'Exercise as an Add-On Strategy for the Treatment of Major Depressive Disorder: A Systematic

Review', *CNS Spectrums, 19* (6), 496–508.
- Nakahara, H., Furuya, S., et al. (2009), 'Emotion- related changes in heart rate and its variability during performance and perception of music', *Annals of the New York Academy of Sciences, 1169*, 359–62.
- Olsen, C. M. (2011), 'Natural Rewards, Neuroplasticity, and Non-Drug Addictions', *Neuropharmacology, 61* (7), 1109–22.
- Petruzzello, S. J., Landers, D. M., et al. (1991), 'A meta-analysis on the anxiety-reducing effects of acute and chronic exercise. Outcomes and mechanisms', *Sports Medicine, 11* (3),143–82.
- Raichlen, D. A., Foster, A. D., Seillier, A., Giuffrida, A., & Gerdeman, G. L. (2013), 'Exercise- Induced Endocannabinoid Signaling Is Modulated by Intensity', *European Journal of Applied Physiology, 113* (4), 869–75.
- Sanchez-Villegas, A., et al. (2013), 'Mediterranean dietary pattern and depression: the PREDIMED randomized trial', *BMC Medicine, 11*, 208.
- Schuch, F. B., Vancampfort, D., Richards, J., et al. (2016), 'Exercise as a treatment for depression: A Meta-Analysis Adjusting for Publication Bias', *Journal of Psychiatric Research, 77,* 24–51.
- Singh, N. A., Clements, K. M., & Fiatrone, M. A. (1997), 'A Randomized Controlled Trial of the Effect of Exercise on Sleep', *Sleep, 20* (2), 95–101.
- Tops, M., Riese, H., et al. (2008), 'Rejection sensitivity relates to hypocortisolism and depressed mood state in young women', *Psychoneuroendocrinology, 33* (5), 551–9.
- Waldinger, R., & Schulz, M. S. (2010), 'What's Love Got to Do With It?: Social Functioning, Perceived Health, and Daily Happiness in Married Octogenarians', *Psychology and Aging, 25* (2), 422–31.
- Wang, J., Mann, F., Lloyd-Evans, B., et al. (2018), 'Associations between loneliness and perceived social support and outcomes of mental health problems: a systematic review', *BMC Psychiatry*, *18*, 156.
- Watkins, E. R., & Roberts, H. (2020), 'Reflecting on rumination: Consequences, causes, mechanisms and treatment of rumination', *Behaviour, Research and Therapy, 127*.

二 動力

- Barton, J., & Pretty., J. (2010), 'What is the Best Dose of Nature and Green Exercise for Improving Mental Health? A Multi-Study Analysis', *Environmental Science & Technology, 44*, 3947–55.
- Crede, M., Tynan, M., & Harms, P. (2017), 'Much ado about grit:A meta-analytic synthesis of the grit literature', *Journal of Personality and Social Psychology, 113* (3), 492–511.
- Duckworth, A. L., Peterson, C., Matthews, M. D., & Kelly, D. R. (2007), 'Grit: Perseverance and passion for long-term goals', *Journal of Personality and Social Psychology, 92* (6), 1087–1101.
- Duhigg, C. (2012), *The Power of Habit: Why we do what we doand how to change*, London: Random House Books.
- Gilbert, P., McEwan, K., Matos, M., & Rivis, A. (2010), 'Fears of Compassion: Development of Three Self-Report Measures', *Psychology and Psychotherapy, 84* (3), 239–55.
- Huberman, A. (2021), Professor Andrew Huberman describes the biological signature of short-term internal rewards on his podcast and YouTube channel, The Huberman Lab.
- Lieberman, D. Z., & Long, M. (2019), *The Molecule of More*, BenBella Books: Dallas.
- Linehan, M. (1993), *Cognitive-Behavioral Treatment of Borderline Personality Disorder*, Guildford Press: London.

- McGonigal, K. (2012), *The Willpower Instinct*, Avery: London. Oaten, M., & Cheng, K. (2006), 'Longitudinal Gains in Self-Regulation from Regular Physical Exercise, *British Journal of Health Psychology, 11*, 717–33.
- Peters, J., & Buchel, C. (2010), 'Episodic Future Thinking Reduces Reward Delay Discounting Through an Enhancement of Prefrontal-Mediotemporal Interactions', *Neuron, 66*, 138–48.
- Rensburg, J. V., Taylor, K. A., & Hodgson, T. (2009), 'The Effects of Acute Exercise on Attentional Bias Towards Smoking-Related Stimuli During Temporary Abstinence from Smoking', *Addiction, 104*, 1910–17.
- Wohl, M. J. A., Psychyl, T. A., & Bennett, S. H. (2010), 'I Forgive Myself, Now I Can Study: How Self-forgiveness for Procrastinating Can Reduce Future Procrastination', *Personality and Individual Differences, 48*, 803–8.

Ⅲ　痛苦的情緒

- Feldman Barrett, L. (2017), *How Emotions Are Made. The Secret Life of The Brain*, London: Pan Macmillan.
- Inagaki, Tristen, K., & Eisenberger, Naomi I. (2012), 'Neural Correlates of Giving Support to a Loved One', *Psychosomatic Medicine*, 74 (1), 3–7.
- Kashdan, T. B., Feldman Barrett, L., & McKnight, P. E. (2015), 'Unpacking Emotion Differentiation: Transforming Unpleasant Experience By Perceiving Distinctions in Negativity', *Current Directions In Psychological Science*, *24* (1), 10–16.
- Linehan, M. (1993), *Cognitive-Behavioral Treatment of Borderline Personality Disorder*, London: Guildford Press.
- Starr, L. R., Hershenberg, R., Shaw, Z. A., Li, Y. I., & Santee, A. C. (2020), 'The perils of murky emotions: Emotion differentiation moderates the prospective relationship between naturalistic stress exposure and adolescent depression', *Emotion, 20* (6), 927–38. https://doi.org/10.1037/emo0000630
- Willcox, G. (1982), 'The Feeling Wheel', *Transactional Analysis Journal*, *12* (4), 274–6.

Ⅳ　論喪慟

- Bushman, B. J. (2002), 'Does Venting Anger Feed or Extinguish the Flame? Catharsis, Rumination, Distraction, Anger, and Aggressive Responding', *Personality and Social Psychology Bulletin, 28* (6), 724–31.
- Kubler-Ross, E. (1969), *On Death and Dying*, New York: Collier Books.
- Rando, T. A. (1993), *Treatment of Complicated Mourning*, USA: Research Press.
- Samuel, J. (2017), *Grief Works. Stories of Life, Death and Surviving*, London: Penguin Life.
- Stroebe, M. S., & Schut, H. A. (1999), 'The Dual Process Model of Coping with Bereavement: Rationale and Description', *Death Studies, 23* (3), 197–224.
- Worden, J. W., & Winokuer, H. R. (2011), 'A task-based approach for counseling the bereaved'. In R. A. Neimeyer, D. L. Harris, H. R. Winokuer & G. F. Thornton (eds.), *Series in Death, Dying and Bereavement. Grief and Bereavement in Contemporary Society: Bridging Research and Practice*, Abingdon: Routledge/Taylor & Francis Group.
- Zisook, S., & Lyons, L. (1990), 'Bereavement and Unresolved Grief in Psychiatric Outpatients', *Journal of Death and Dying*, *20* (4), 307–22.

Ⅴ　自我懷疑

- Baumeister, R. F., Campbell, J. D., Krueger, J. I., & Vohs, K. D. (2003), 'Does High Self-Esteem Cause Better Performance, Interpersonal Success, Happiness, or Healthier Lifestyles?', *Psychological Science in the Public Interest, 4* (1), 1–44.

- Clark, D. M., & Wells, A. (1995), 'A cognitive model of social phobia'. In R. R. G. Heimberg, M. Liebowitz, D. A. Hope & S. Scheier (eds.), *Social Phobia: Diagnosis, Assessment and Treatment*, New York: Guilford Press.
- Cooley, Charles H. (1902), *Human Nature and the Social Order*, New York: Scribner's, 183–4 for first use of the term 'looking glass self'.
- Gilovich, T., Savitsky, K., & Medvec, V. H. (2000), 'The spotlight effect in social judgment: An egocentric bias in estimates of the salience of one's own actions and appearance', *Journal of Personality and Social Psychology, 78* (2), 211–22.
- Gruenewald, T. L., Kemeny, M. E., Aziz, N., & Fahey, J. L. (2004), 'Acute threat to the social self: Shame, social self-esteem, and cortisol activity', *Psychosomatic Medicine, 66*, 915–24.
- Harris, R. (2010), *The Confidence Gap: From Fear to Freedom*, London: Hachette.
- Inagaki, T. K., & Eisenberger, N. I. (2012), 'Neural Correlates of Giving Support to a Loved One', *Psychosomatic Medicine, 74*, 3–7.
- Irons, C., & Beaumont, E. (2017), *The Compassionate Mind Workbook*, London: Robinson.
- Lewis, M., & Ramsay, D. S. (2002), 'Cortisol response to embarrassment and shame', *Child Development, 73* (4), 1034–45.
- Luckner, R. S., & Nadler, R. S. (1991), *Processing the Adventure Experience: Theory and Practice*, Dubuque: Kendall Hunt.
- Neff, K. D., Hseih, Y., & Dejitthirat, K. (2005), 'Self- compassion, achievement goals, and coping with academic failure', *Self and Identity, 4*, 263–87.
- Wood, J. V., Perunovic. W. Q., & Lee, J. W. (2009), 'Positive self-statements:Power for some, peril for others', *Psychological Science, 20* (7), 860–66.

VI 恐懼

- Frankl, V. E. (1984), *Man's Search for Meaning: An Introduction to Logotherapy*, New York: Simon & Schuster.
- Gesser, G., Wong, P. T. P., & Reker, G. T. (1988), 'Death attitudes across the life span. The development and validation of the Death Attitude Profile (DAP)', *Omega, 2,* 113–28.
- Hayes, S. C. (2005), *Get Out of Your Mind and Into Your Life: The New Acceptance and Commitment Therapy*, Oakland, CA:New Harbinger.
- Iverach, L., Menzies, R. G., & Menzies, R. E. (2014), 'Death anxiety and its role in psychopathology: Reviewing the status of a transdiagnostic construct', *Clinical Psychology Review, 34,* 580–93.
- Neimeyer, R. A. (2005), 'Grief, loss, and the quest for meaning', *Bereavement Care, 24* (2), 27–30.
- Yalom. I. D. (2008), *Staring at the Sun: Being at peace with your own mortality*, London: Piatkus.

VII 壓力

- Abelson, J. l., Erickson, T. M., Mayer, S. E., Crocker, J., Briggs, H., Lopez-Duran, N. L., & Liberzon, I. (2014), 'Brief Cognitive Intervention Can Modulate Neuroendocrine Stress Responses to the Trier Social Stress Test: Buffering Effects of Compassionate Goal Orientation', *Psychoneuroendocrinology 44,* 60–70.
- Alred, D. (2016), *The Pressure Principle*, London: Penguin.
- Amita, S., Prabhakar, S., Manoj, I., Harminder, S., & Pavan, T. (2009), 'Effect of yoga-Nidra on blood glucose level in diabetic patients', *Indian Journal of Physiology and Pharmacology, 53* (1), 97–101.
- Borchardt, A. R., Patterson, S. M., & Seng, E. K. (2012), 'The effect of meditation on cortisol: A comparison of meditation techniques to a control group', Ohio University: Department of Experimental Health Psychology. Retrieved from http://www.irest.us/sites/default/files/Meditation%20on%20Cortisol% 2012.pdf
- Crocker, J., Olivier, M., & Nuer, N. (2009), 'Self- image Goals and Compassionate Goals: Costs and Benefits', *Self and Identity, 8,* 251–69.
- Feldman Barrett, L. (2017), *How Emotions Are Made. The Secret Life of The Brain*, London: Pan Macmillan.

- Frederickson, L. B. (2003), 'The Value of Positive Emotions', *American Scientist*, USA: Sigma.
- Huberman (2021). Talks by Professor Andrew Huberman on his podcast The Huberman Lab can be accessed on YouTube.
- Inagaki, T. K., & Eisenberger, N. I. (2012), 'Neural Correlates of Giving Support to a Loved One', *Psychosomatic Medicine, 74*, 3–7.
- Jamieson, J. P., Crum, A.J., Goyer, P., Marotta, M. E., & Akinola, M. (2018), 'Optimizing stress responses with reappraisal and mindset interventions: an integrated model', *Stress, Anxiety & Coping: An International Journal, 31*, 245–61.
- Kristensen, T. S., Biarritz, M., Villadsen, E., & Christensen, K. B. (2005), 'The Copenhagen Burnout Inventory: A new tool for the assessment of burnout', *Work & Stress, 19* (3), 192–207.
- Kumari, M., Shipley, M., Stafford, M., & Kivimaki, M. (2011), 'Association of diurnal patterns in salivary cortisol with all-cause and cardiovascular mortality: findings from the Whitehall II Study', *Journal of Clinical Endocrinology and Metabolism, 96* (5), 1478–85.
- Maslach, C., Jackson, S. E., & Leiter, M. P (1996), *Maslach Burnout Inventory* (3rd ed), Palo Alto, CA: Consulting Psychologists Press.
- McEwen, B. S., & Gianaros, P. J. (2010), 'Stress- and Allostasisinduced Brain Plasticity', *Annual Review of Medicine, 62*, 431–45.
- McEwen, B. S. (2000), 'The Neurobiology of Stress: from serendipity to clinical relevance', *Brain Research, 886*, 172–89.
- McGonigal, K. (2012), *The Willpower Instinct*, London: Avery.
- Mogilner, C., Chance, Z., & Norton, M. I. (2012), 'Giving Time Gives You Time', *Psychological Science, 23* (10), 1233–8.
- Moszeik, E. N., von Oertzen, T., & Renner, K. H., 'Effectiveness of a short Yoga Nidra meditation on stress, sleep, and well-being in a large and diverse sample', *Current Psychology* (2020), https://doi.org/10.1007/ s12144-020-01042-2
- Osmo, F., Duran, V., Wenzel, A., et al. (2018), 'The Negative Core Beliefs Inventory (NCBI): Development and Psychometric Properties', *Journal of Cognitive Psychotherapy, 32* (1), 1–18.
- Sapolsky, R. (2017), *Behave. The Biology of Humans at Our Best and Worst*, London: Vintage. Stellar, J. E., John-Henderson, N., Anderson, C. L., Gordon, A. M., McNeil, G. D., & Keltner, D. (2015), 'Positive affect and markers of inflammation: discrete positive emotions predict lower levels of inflammatory cytokines', *Emotion 15* (2), 129–33.
- Strack, J., & Esteves, F. (2014), 'Exams? Why Worry? The Relationship Between Interpreting Anxiety as Facilitative, Stress Appraisals, Emotional Exhaustion, and Academic Performance', *Anxiety, Stress, and Coping: An International Journal,* 1–10.
- Ware, B. (2012), *The Top Five Regrets of the Dying*, London: Hay House.

VIII 有意義的生命

- Clear, J., *Atomic Habits* (2018), London: Random House.
- Feldman Barrett, L. (2017), *How Emotions Are Made. The Secret Life of The Brain*, London: Pan Macmillan.
- Fletcher, E. (2019), *Stress Less, Accomplish More*, London: William Morrow.
- Gottman, J. M., & Silver, N. (1999), *The Seven Principles for Making Marriage Work*, London: Orion.
- Hari, J. (2018), *Lost Connections*, London: Bloomsbury.
- Johnson, S. (2008), *Hold Me Tight.* London: Piatkus.
- Sapolsky, R. (2017), *Behave. The Biology of Humans at Our Best and Worst*, London: Vintage.
- Siegel, D. J., & Hartzell, M. (2004), *Parenting from the Inside Out: How a deeper self-understanding can help you raise children who thrive*, New York: Tarcher Perigee.

- Thomas, M. (2021), *The Lasting Connection*, London: Robinson.
- Waldinger, R. (2015), *What makes a good life? Lessons from the longest study on happiness*, TEDx Beacon Street. https://www. ted.com/talks/robert_waldinger_what_makes_a_good_life_lessons_from_the_longest_st udy_on_happiness/transcript?rid=J7CiE5vP5I5t
- Ware, B. (2012), *The Top Five Regrets of the Dying,* London: Hay House.

圖表

- Figure 1 is an adapted variation based on an original from:Clarke, I., & Wilson, H. (2009), *Cognitive Behaviour Therapy for Acute Inpatient Mental Health Units: Working with Clients,Staff and the Milieu*, Abingdon: Routledge.
- Figure 2 is an adapated variation based on an original from:Greenberger, D., & Padesky, C. A. (2016), *Mind Over Mood*, 2nd Edition, New York: Guilford Press.
- Figure 3 is an adapted variation based on an original from: Clarke, I., & Wilson, H. (2009), Cognitive Behavioural Therapy for Acute Inpatient Mental Health Units, Sussex: Routledge.

其他資源

本書是您的工具箱，用改進或增強您的心理健康和福祉。如果書中提供的工具或方法，對您有用，您有興趣進一步瞭解更多資訊的話，請參閱以下相關的書籍和組織。

Isabel Clarke, *How to Deal with Anger: A 5-step CBT-based Plan for Managing Anger and Frustration*, London: Hodder & Stoughton, 2016.

Paul Gilbert, *Overcoming Depression: A self-help guide using Cognitive Behavioural Techniques*, London: Robinson, 1997.

John Gottman & Nan Silver, *The Seven Principles for Making Marriage Work*, London: Orion, 1999.

Alex Korb, *The Upward Spiral: Using neuroscience to reverse the course of depression, one small change at a time*, Oakland, CA: New Harbinger, 2015.

Professor Felice Jacka, *Brain Changer: How diet can save your mental health*, London: Yellow Kite, 2019.

Dr Sue Johnson, *Hold Me Tight*, London: Piatkus, 2008.

Helen Kennerley, *Overcoming Anxiety: A Self-Help Guide Using Cognitive Behavioural Techniques*, London: Robinson, 2014.

Kristin Neff & Christopher Germer, *The Mindful Self-Compassion Workbook*, New York: Guilford Press, 2018.

Joe Oliver, Jon Hill & Eric Morris, *ACTivate Your Life: Using Acceptance and Mindfulness to Build a Life that is RIch, Fulfilling and Fun*, London: Robinson, 2015.

Julia Samuel, *Grief Works*, London: Penguin Life, 2017.

Michaela Thomas, *The Lasting Connection: Developing Love and Compassion for Yourself and Your Partner*, London: Robinson, 2021.

Organizations that offer support

NHS Choices (UK) – www.nhs.uk

Mind–A charity that offers information on their website and local support initiatives. See www.mind.org.uk

Young Minds–A charity that provides information for children, young people and their parents. See www.youngminds.org.uk

Nightline Association–A service run by students for students through universities. They offer a free, confidential listening service and information. See www.nightline.ac.uk

Samaritans–For anyone in crisis, this service offers support and advice 24 hours a day, 7 days a week. See www.samaritans.org

國家圖書館出版品預行編目資料

為什麼沒人告訴過我？：37個避免陷入情緒泥淖的養成練習／茱莉・史密斯（Julie Smith）著；蕭寶森 譯. -- 初版. -- 臺北市：遠流出版事業股份有限公司, 2022.09
面：14.8 × 21公分
譯自：Why Has Nobody Told Me This Before:Everyday Tools for Life's Ups & Downs

ISBN 978-957-32-9693-5（平裝）

1. CST：心理衛生　2. CST：自我實現　3. CST：生活指導

172.9　　111012005

為什麼沒人告訴過我？

37 個避免陷入情緒泥淖的養成練習

作者／茱莉・史密斯（Julie Smith）
譯者／蕭寶森
總監暨總編輯／林馨琴
主編／陳秀娟
行銷企劃／陳盈潔
封面設計／兒日設計
內頁排版／新鑫電腦排版工作室

發行人／王榮文
出版發行／遠流出版事業股份有限公司
地址：臺北市中山北路一段 11 號 13 樓
電話：（02）2571-0297
傳真：（02）2571-0197
郵撥：0189456-1

著作權顧問／蕭雄淋律師
2022 年 9 月 1 日　初版一刷
新台幣 定價 420 元（如有缺頁或破損，請寄回更換）

ISBN 978-957-32-9693-5

遠流博識網
http://www.ylib.com
E-mail: ylib@ylib.com